学問方法論

何のために学ぶのか

Academic Methodology

森信三

致知出版社

学問方法論

序

いやしくも人間的営為の存する処、そこには必ずやそれを生める道があり法がある。いわんや自覚の明証をその本質とする哲学において、方法論の存すべきは必然である。今この書は学問方法論とはいうも、ここに学問とは所謂個別科学の謂《い》いではなくて、学の本義としての全一学、即ち哲学の方法を論究しようとしたものである。そもそも普通に哲学の方法論と名づけられるものは、ほとんどその総《すべ》てが諸家の学説の体系的特質の比較考量に終始するを常とする。

然《しか》るにかくの如《ごと》きは学の方法論としては畢竟《ひっきょう》第二義的なものであって、真の方法論は著者自らの思索と体験とが、この現実の世界及び人生を対象として、ささやかながらも一個の体系的自覚を得るに到る消息を、自証の光に照らして展開解明すべきものと思われる。しかるに顧みて著者は、ようやく哲学的思索の一歩を踏み出したに過ぎず、随って他に向《むか》って自らの学問的経験を語り得るようなものではない。この意味からは、この書は著者が自ら履《ふ》み来《きた》った自己の足跡を語るというよりも、むしろ今後自らの到り達せんとする方向の自証というべきでもあろう。にも拘《かかわ》らず著者が敢えてこの書の公刊を決意するに到ったのは、わが国現時の学問的努力の有するその歴史的意義は、まことに空前であると共に、更には絶後的ともいうべきにも拘らず、わが国の哲学界は未だ十分にその深意に触れず、依然として西欧思想への隷属的依存性より全脱しない現状にあるがゆえである。

かくしてこの書は、書名も示すように方法工夫の論究であって、体系的自証を念とするものではないが、しかも方法の論究は、その本質上、体系が客体的投影であると異《ことな》り、翻転《ほんてん》これを生める主体の根本態度に返照して、そこに体系創生の工夫と密意に触れる以上、それは初心入門の者にとって、一応具体的な「哲学入門」と見ることも出来るであろう。現に著者はその稿本において披閲《ひえつ》を請うた親しき知友の一、二より、かかる評言を耳にした。同時にこの事は、哲学が全一学としての道の自証の学である以上、著者がこの書において披瀝《ひれき》した消息は、その趣こそ違え又他の諸々の領域における道の入門並《ならび》にその精進の工夫密意と、内面的に相通ずるものあるを信ぜしめられる。かくして著者としては、もとより哲学専攻の士によってこの書に述べた卑意の是正を仰ぎ得ることの望ましいのは言うまでもないが、さらに所謂哲学学徒でない現実界の諸広汎なる領域に、おのがじし自らの一道を開かれつつある方々から、批正の慈言を請い得るは、前者に劣らずその欣《よろこ》びとする処である。

人生の前半を終《おわ》って今や、後半生に一歩を踏み入れつつある著者は、この書を以て一応思索の歩みにおける前半生を劃《かく》すると共に、今や始められつつある後半生の歩みの自証に、その精根を傾けたいと思うのである。そしてそれは、今やわれらの民族の根源力と、世界史そのものの空前なる転換によって導かれようとしつつある。生をこの国に享《う》け思索の道に従う者として、幸慶《こうけい》の念いそぞろにわが身根《しんこん》に徹し来たるを覚える。

昭和十七年三月

森　信三

学問方法論

目次

装幀——川上成夫
装画——門坂　流

＊本書の中には、現代とは異なる文字遣い、表現等がありますが、森先生の表現を尊重し、原文のままとしました。

序論

ここに「学問方法論」と題して、いささかその論究を試みようとする学問とは、広義の学問としての所謂《いわゆる》一般科学の謂いではなくて、語の本義における学としての全一学、即ち哲学の方法についてである。処《ところ》で哲学の方法に関する論究は、それが真の具体的方法論である為《た》めには、従来のように単に既存の哲学諸説の間における体系の構造の比較考量に止《と》まることなく、更に翻《ひるがえ》って体系そのものを創生せしめた主体としての思想家自身の態度にまで返照する処がなければならぬ。否更《いなさら》には、そのような主体の態度より、その主体に独一にしてかつ必至な体系は、如何にして生み出されたか、即ち一般に体系的思想の生誕そのものに関する思索と工夫の如実なる機微が語られるでなくてはならぬ。否そこには更に翻って、一般に全一学としての哲学に特有な体系そのものの有する意義、並びにその可能な所以の考察も、その要がないとは言えぬ。蓋《けだ》し体系の可能については、それが真の全一的体系としての形而上学的体系の場合には、古来カントを初めとして、或《あ》る意味ではわが国の現在においても、その可能に対する疑義と否定の論が一部には存するがゆえである。否このように考えて来れば、真の方法論を考えるには、何よりも先ず学問そのものの本義を瞭《あきら》かにする必要があるといわねばならぬ。かくして真の学問方法論は、上は学そのものの本義に始《はじま》り、下は思索における媒介としての古典の意義、更に現実的には、思想における表現の意義等々の諸問題にも及ぶべきかと思われる。そもそも真の方法論は、哲学の真の対象たる現実の天地人生に内含せられる理法の全一的組織の自証としての体系が、如実には如何なる道程を辿《たど》って創生せしめられるかという学の創建過程を、その工夫に即して自証するの謂いに他ならない。即ち真の方法論は、これを約すれば自覚の展開過程の自証として、体系の創生に必然な思索の現実的母胎、並びにこれが自証展開の道程を瞭かならしめるものでなければならぬ。すべて事物の存する処、そこには必ずやそれを生む方法があり、方法の存する処又必然にその自覚としての方法論の存すべきは今更言うまでもない。まして自証を本質とする哲学の場合にあっては、特にその必然なるべき意義が存するのである。かくして哲学における方法論は、歴史地理乃《ない》至《し》政治経済等の他の諸科学における方法論に比して、より必然的な意義が存すると思われる。

しかるに現実には、世上《せじょう》哲学に関する方法論の必ずしも多くないのは何ゆえであろうか。これは本質的には体系の創建そのものが、一般に容易でない処にその根本因由《いんゆう》が存すると思われる。蓋し哲学的方法について真に語り得るということは、語る者自身が既に何等《なんら》かの意味において体系創建の苦心を経験し、いわばその呼吸ともいうべきものを味得した者でなくてはならぬが故である。かくして真の方法論は、自らの体系を完成した一世の哲人にして初めて真に語られるべきであり、又当にしかあるべき理でもある。しかるに現実においてはかかる一世の哲人は、多くは自家の体系の洗練完成に忙しくて、容易にかかる化他《けた》の婆心《ばしん》を期待し能《あた》わないのが常であり、又実にその本来より考えても、体系の自証展開そのものが既に方法の自証を内含するというべく、更には方法の自証の真の完成は、体系の完成の他ないともいえるであろう。かく考えれば体系の展開の他に、別に所謂方法論なるものを要しないわけでもある。しかも事実においては、一顆《いっか》の明珠《めいしゅ》にも比すべき一個の完結体系に面して、これを磨練し出した苦心の幾過程を窺うことは、一般には決して容易の業でなく、もしこれを可能とする者があるとしたら、それはその人自身が既に自らの体系を樹立した一思想家というべきであろう。所謂哲人哲人を知るのであって、工夫の機微の幾迂曲《いくうきょく》に到っては、われ等凡愚には永遠に閉《とざ》された世界というべきであろう。

今著者は、自らもわずかに哲学的思索の一歩を踏み出したに過ぎない者であり、随ってもとより他に向って体系創建の苦心を語り得るような者ではない。しかも著者は先人の体系的世界に接するごとに、その思想家がそれを生み出すに到った工夫の深意とその機微に対しては、力《つと》めてこれを閑却せざらんことを期しつつあるものである。蓋し一個の体系は、いわばスクリーンの上に映された映像の如きものであって、その根源は、いうまでもなく背後のフィルムに存するのである。しかもこの事実はともすれば閑却せられがちである。かくして以下述べようとする処は、もとより著者自身がその体系創建の業を了《お》えて、自らの経験を語る体のものではなく、只自らの前途に遙《はる》かなる思索の道程を控えて、今やその旅路に上ろうとしつつある一旅人として、著者自身にとっての旅立ちの用意であり、又実にその自戒の言たるに過ぎない。随ってこれはその本来からは、まさに公にすべからざる性質のものともいうべきであろう。蓋しその自証と実現とは、まさに著者の今後に残された現実の問題だからである。にも拘らず、敢えて茲《ここ》に公刊しようとする所以は、著者によればわが国現時の学問界の有する歴史的意義は、実に容易ならざるものであって、その困難性は実に空前であると共に或る意味では絶後的なものとさえいい得るかと思われるのであり、そのためには、このような稚拙粗笨《そほん》なる小著の刊行すら、尚かつ必ずしも無意義でないかと思わしめられるがゆえである。しからばわが国現時の学問界の有する歴史的意義とは如何なるものであろうか。吾人は以下これを「当来の哲学」という観点から一瞥《いちべつ》しようと思うのである。蓋し現在の有する意義は、常に将来への意図に返照して初めて明かならしめられるが故である。

る。かくしてわが国当来の哲学の方向を考えることは、やがて又当来の学問の根本方向を知ると共に、又その基本的特質を明かならしめることにもなるであろう。

一　我国当来の哲学

一

そもそも当来の哲学というような問題は、何人《なんぴと》にも容易に予測を許されない大問題であり、随って今浅学の身を以て、これに関して云々《うんぬん》する資格のないのは、もとより言うまでもないことである。蓋し未来はわれわれにとって、単なる論理的必然を以て予測し得られるような機械的連鎖ではあり得ないと共に、又単にわれわれの個人的意志を以て支配し得るような恣意《しい》の領域でもないからである。これを個人としても未来の予測は容易でないが、いわんや個人とは異り、その意志的統一において無限の多元性を包容し、又その自覚の連続においても、個人におけるような直接的一貫性でなくて、実に無量の反始的展開ともいうべき自覚の循環的展開を為す民族的生命の将来、特にその自覚的一貫性の枢軸《すうじく》をなす全一学としての哲学の将来如何というような大問題に関しては、如何なる聡慧《そうけい》の叡知を以てするも、それが一個の有限的存在としての人間の所見である限り、十分なる予見の得難いことは今更言うを要しない。

しかしながら翻って又他の一面より考えれば、われわれの現前一歩の踏み出しは、それが自発的な歩みである限り、常にその目的観によって決定せられ、しかもその目的観は、その実現の上からは、常に未来に即して考えられる他ないのである。そしてこの事は、いやしくもそれが自覚的行為である限り、一切の日常行為はすべてこれより漏れるはないのであるが、特に自覚の学たる哲学において特にしかるのである。かくして哲学における思索の展開は、常に自己の思念する学問の理念によって制約されるはずであり、そしてかかる哲学の理念とは、これをその実現に即しては、ついに当来の哲学の方向という他ないであろう。けだし哲学は、その体系的統一の個性的特質からは常に一人一哲学、一人一体系と言われるべきであるが、しかもこれを全体の上から見る時、如何なる哲人といえども、時代と民族の制約より全脱しうる者はないのである。かくして真摯に思索の道を辿る者にとっては、自己の属する民族における当来の哲学の方向が如何にあるべきかは、まさにその最大関心事でなくてはならぬ。けだし一人の真摯な思想家の自覚的な歩みは、よしそれがその外形の上からは如何に渺《びょう》たるものであっても、その民族の当来の思想に対して一個の基石たるべき意義を有するからである。かくして一見最も遠いと思われる当来哲学の問題は、実は最も近くして切実な思想家自身の現前の問題となるのである。

しかしながら以上の事柄は、ひとり現代のみが特にそうだというのでなく、大凡《おおよそ》あらゆる時代あらゆる民族において、いやしくも真摯に自己の道を歩もうとする者にとっては必然の問題である。随ってその程度に留まる限り、これは必ずしもとくに問題として一般的に公開論議すべきだとは限らぬともいえる。けだし当来の哲学の方向というような問題は、なるほど個人としての思想家自身にとっては、常に内に深く内観すべき事柄であるとしても、それは必ずしもこれを公表して、一般的論議の一題目たらしめるには及ばぬともいえるからである。即ちその場合より肝要なことは、思想家自身が自己の思念する当来の哲学の理念に従って、自らの哲学的思索を展開することであって、そのような内在的理念を、それ自体、露《あら》わにとり出して論議するということは、かえって体系の展開力を減損せしめるともいえるからである。これ実にあらゆる時代において、偉《すぐ》れた思想家の歩んだ道であり、げに古来真の偉大なる思想家にあっては、自らの哲学的思想の方法論というような著述を為した者はほとんどなく、いわんや当来哲学の方向というような論議は皆無に近いと言ってもよいほどである。（フォイエルバッハには「将来の哲学の根本問題」の著があるが）かく言うは、もとよりそれらの偉大な思想家たちが、自らの哲学的方法に対して無自覚であり、ないし当来の哲学の方向に対して、何等考える処がなかったというのでは決してない。否その思想家が偉大であればあるほど、この点に関する自覚の内観は深大であったに相違ない。しかもそれらの人々にあっては、それは多くは自らの思索の内在的導光たるに留まり、特にこれを顕《あら》わにすべき必然に当面しなかったのである。

しかるにわが国の学界の現状においては、事態は全く相違するかに思われる。即ち事態は当来の哲学の理念に関して、今や何人もかの秘伝を固く秘して、他にもらさないというが如き立場に留ることを許されないと思うのである。即ちわが国現時の学問的混乱は、後にも述べるように、実に歴史的に空前であると共に、更には絶後的とさえ言うべきかと思われる。否わが国現時の学問的混乱は、ひとりわが国のみと言わず、恐らくは人類の思想史上においても、まさに空前といわれるべきであろう。そしてこの事は、これを端的には古来世界の如何なる民族も、わが国現時の思想界のように儒・仏・欧という世界の三大文化を、自己に固有なものに消化すべき事態に当面したものの存しなかった一事によっても明《あきら》かである。もとより思想家自身としては、あくまで自らの体系的自証の歩みの肝要なことはいうまでもないが、同時に事態は今や単にそれのみに止まるを許されないものがあるのである。即ち何人も、自らの体系的自証の内在的返照光たる当来哲学の理念と思惟するものを顕わにし、かつこれを公論に訴えて、以て自国の思想界の進展に資すべき秋と思われるのである。これここに自らはからずこの大問題に対して、いささか卑見を述べて、以って大方の批正を仰ごうとする所以《ゆえん》である。

二

さてわが国当来の哲学の方向を考えるに当って、先ず考えしめられることは、わが国現時の学問の困難性の有する歴史的意義の問題である。もっとも此処《ここ》に学問と称するは、既にも述べたように「全」の把握の体系的自証としての全一学、即ち哲学の意であって、所謂個別学を意味するのではない。さて卑見によれば、わが国現時における学問の困難性は、まさに歴史的と称すべきものであり、その意を極めてこれを言えば、それは実に、有史以来空前のことと称すべきであるとともに、恐らくは又絶後的なものとさえ思われるのである。もし強いて今日に近い時代を求めるとしたら、恐らくはかの儒・仏という二大異質的文化を、ほとんど時を等《ひとし》うして移入した聖徳太子の時代が挙げられるでもあろうか。しかもその時代における学問の困難性と、今日におけるそれとは決して同一ではない。けだし前者における困難性は、学の皆無であったところへ、突如として儒・仏という二つの巨大な異質的文化を、ほぼ時を等しうして移入した処から招来せられた混乱であるが、今日におけるそれは、儒・仏を儒・仏それぞれとしては一応わが国風に摂取し融化しつつ、しかもこれが会通《えつう》による真の自証的摂取に到らない処へ、更に一大異質的文化体系としての西欧文化に接触した点にある。

そもそも学の困難ということについては、何時いかなる時代においても、いやしくも真摯な学者にしてこれを感じない者はないはずであり、随って学問の困難性はひとり現代のみに限らぬことではあるが、同時に如上現時におけるわが国の学問を、学の全歴史的展開に返照するならば、われわれは現時の学問の困難性が、単なる一応のものではなくて、実に歴史的意義を有することに気付かしめられ、随ってこれが解決も亦《また》かかる歴史的自覚を根柢とすべきことを知らしめられるのである。今わが国現時の学問の困難性を最も端的に言うならば、今日われわれは如何なる書物を、如何なる範囲において学んだならば、一応学問をしたといい得るであろうか。恐らくこの問に対して、直下に明確な解答をなし得る人は、容易に存しないであろう。もしあったとしても、それは自己の狭小な視野に跼蹐《きょくせき》した局所的見解を出ない、所謂盲人蛇におじず的なるものの他ないであろう。

しかしながら、「大よそ如何ほどの範囲の書を学ぶことを以て学の一応の基準となし得るか」という問いに対して、時代の学者がほとんどこれに答え得ないというような現象は、わが国の過去はもとより、恐らく東西古今の歴史の上にも、ほとんどその類例を見出し難いことであろう。今これをわが国のみについて見ても、明治維新前までは、学問といえば通例儒・仏のうちの何れ《いず》か一つであって、仏教は正式には多く僧侶の学ぶ処であり、普通に世人が学問といえば、すべて儒教を意味する習《なら》わしであった。そして儒・仏の二者は、その何れの一つを採《と》っても、そこには必ずその所依《しょえ》としての根本経典が一定しており、更にはそれを学ぶ順序さえも一応定められていたのである。即ち儒教においては四書五経がそれであって、自余の典籍は、畢竟この四書五経の深意を尋求《じんきゅう》する媒介として、脚註的意義を有するものと称すべきである。又これを仏教に見るも、その根本教学は、倶舎《くしゃ》・唯識《ゆいしき》・起信《きしん》・天台・華厳等であって、これは如何なる宗派においても共通に修むべき教学とせられ、同時にこれだけ修めれば基礎教学としては一応の完了であって、その上は各々自宗の拠って立つ根本所依の経典に進むべく、そしてその順序も亦、ほぼ一定しているのである。これを要するに儒・仏にあっては、これを修めるにあたって、ひとり如何なる範囲の書物を読むべきかが明らかであるのみならず、更には如何なる順序に依って修めるべきかさえもほぼ一定していて、何等迷うべきものが存しなかったのである。

しかるに今日のわが国にあっては如何であろうか。わが国現時の学問は、このような点からいえば実に混乱の極であって、そこにはほとんど何等の見通しすら存せぬというべきである。これ維新前にあっては、儒・仏は世間的と出世間的との別こそあれ、それぞれ全一学としての権威を有して、僧俗それぞれ自己の属する一学を採って、そこに何等の迷いもなく、勿論二教兼修の要を見なかったのである。しかるに明治維新とともに、われわれは地上において今一つの残された未知の文化体系としての巨大な西欧文化に接触するに至るや、ここにわが民族にとっては、実に空前ともいうべき学問の混乱が招来せられたのである。即ち従来絶対的とされて来た儒・仏の二大文化は、その絶対性を喪失して、今や単に相対的意義を有するに過ぎなくなったのである。即ちわが民族はここに学の絶対所依としての根本経典を喪失するに至ったのである。かくして人々は、今やこれを新来の文化体系である西欧哲学に求めようとし、現在尚大いにこれを求めつつある現状にある。かくして彼の土において古典としての権威を有して来た若干の典籍は、今やわが国においても学の根本所依の古典として考えられつつある現状にある。しかしながら西欧哲学は元来その根本性格が、かの儒仏の二教が所謂「閉鎖体系」であるに対しては、まさに「開放体系」とも称すべきものであり、随ってその所依の根本古典とすべきものは、彼の土自身にあっても必ずしも儒・仏におけるような形式的限定性を有しないのである。いわんや移入後日尚浅く、かつ彼我の性情の根本的相違と相俟《あいま》って、今日までのところ、それらの中の何れが将来、果して真にわが民族における学の根本所依《しょえ》の古典となるかは、未だ決定せられる段階に至っていないのである。かりに一歩を譲って、現在所謂学界と称せられるものにおいて、重視せられつつある処のものを以て、わが民族の将来の根本古典とするとしても、そこには尚大いに残された問題がある。即ちわれわれは、将来単にこれら西欧の古典のみを以て、その思想の根本経典とする事は出来ず、そこにはこれまで永くわが民族の自覚の媒介として、摂取し溶融して来た儒仏の根本経典への反省が顧慮《こりょ》せられなければならぬからである。けだし学問は、これを現実の把握の一様式としては、儒仏の二教といえども、現実そのものに対せしめれば、畢竟西欧哲学と等しく一種の概念的組織といわれるべきであるが、しかも西欧哲学は、これを儒仏と比較する時その性格は著しく抽象的であり、又これを生み出した現実母胎としての人種の性情、並にその歴史的伝統、社会組織等も著しく異り、これに比すれば儒仏の二教は、成程厳密にはどこまでも外教であるとはいうものの、彼に比すればその性格は著しくわれに親近類似するものあるを否み難いからである。いわんやこれらの二教が、長くわが民族によって摂取し融化せられて来た跡を顧れば、今後わが民族の自覚の媒介としての根本古典を、単に西欧哲学の古典にのみ限ろうとするが如きは、もとより自らの歴史に返照することのない短見といわざるを得まい。

以上の如くにして現在のわれわれは、実に歴史的に空前ともいうべき一大思想的混乱の只中に置かれているが、しかも現在学問に従事しつつある人々が、この混乱の真の深さを果《はた》して如何ほど洞察しているであろうか。即ち学問の混乱ということは、何人も一応いうとしても、それが歴史的に空前のものであり、更に又恐らくは絶後的なものであるという一事に至っては容易に気付かない。しからば何ゆえ吾人《ごじん》はここに敢えて絶後的とさえいうのであろうか。答は案外に明白である。即ちもしわれらにとって、かつて明治維新前のわれわれに対して、西欧文化が未知の文化体系であったように、この地上に尚全然未知の、文化が残されているとしたら、われわれは他日それに接触した際、更に今一度根本的な文化的混乱を経験すべく、随って現在の混乱を以て、決して絶後的なものとは言い得ないであろう。しかるに幸いにしてわれわれは、明治維新以後、西欧文化に接することによって、最早地上にその根本性格において、全然未知な文化体系は存在しなくなったのである。もとより内容的にいえば、西欧文化の摂取には、今後といえども尚幾百年更には幾千年の努力をも要するであろう。否内容的にはひとり西欧文化のみならず、旧熟の儒・仏の二教についても、更に学ぶべき多くのものの残されていることはいうまでもないが、しかしその根本性格に至っては、儒・仏の二教はもとより西欧文化といえども、その移入後七十年の歳月を経過した今日、ほぼその大容は把握し得たかと思われるのである。しからば今後建立せられるべき民族の自覚的思想の所依となるべき典籍の次序は、もし一たびそれが確立したならば、勿論部分的には幾変改を免れぬとしても、全然未知な異質文化の侵入によって、根本的に攪乱せられるようなことは、永劫《えいごう》にないといい得るであろう。これここにわが国現時の学問的混乱を以て、ひとり空前というに止めず、恐らくは又絶後的なものとさえいう所以である。さればわれわれにして、真に自覚し大観するならば、わが国の現在は歴史上学問の最も困難な時代であると共に、一面又最も学問の仕甲斐《しがい》のある時代といわなければならぬ。けだしわが国の真の自覚的な学問は、まさに今日その第一歩が踏み出されようとしつつあるが故である。実に今後永遠に生成すべきわが民族の真の学問の誕生は、正《まさ》に今日胎生しつつあるというべきであろう。

三

しからばわが国の当来の哲学は、今後如何なる方向に展開せられるべきであろうか。又これを招来せしめる方法論的自覚は如何《いかん》。おもうにこの問題は、すでに上に述べたものの中に内包せられているというべきであろう。即ちわが国の当来の哲学の根本方向は、如上わが国現時の学問の困難性の歴史的意義に対する自覚の深化そのものの裡に、自ら展開して来るはずである。これ吾人がわが国当来の哲学の根本方向を考えるに当って、まずわが国現時の学問の困難性の内観に徹して、その歴史的自覚に言及した所以である。

今最も端的に当来哲学の方向を述べるとすれば、それはわれらの民族に固有なその世界観人生観を、新たなる形態において体系的に自証することでなければなるまい。即ちそれは従来のような単に西欧哲学の模写的態度より脱却すべきはいうまでもないが、しかもその脱却は単なる個人的脱却ではなくて、まさに民族の世界観の新たなる自証展開として、真の主体的確立でなくてはならぬ。勿論、このような当来の哲学の立場も、それが哲学として自証の立場を離れない以上、方法論的にはそこに自証の媒介となるべきものを要とする。吾人はかかる媒介としては単に西欧の体系学のみならず、翻って又東方古来の儒・仏、特に日本化せられた儒・仏の意義をも看過し得ないと思うのである。されば如上《じょじょう》当来哲学の研究を、方法論的自覚に即していうならば、西欧哲学に特有なその論理的体系性を媒介としつつ、民族の世界観人生観を体系的に自証することであり、その徹底は必然そこに儒・仏の二大文化の体系的会通を内包するに到るべきであろう。しからばわれわれは、何ゆえ端的に西欧哲学を媒介として直接わが民族の世界観人生観の自証展開にあるというに留めないで、儒・仏二教の内含する理法の会通をも包摂すべしというのであろうか。そもそも学問が現実生活に即する理法の内的自証にあるとすれば、われわれは単に西欧の哲理のみを媒介としても、一応は自らの世界観人生観を自証し得るはずである。しかるに吾人は何ゆえかく言うに留めないで、更に儒・仏二教の体系的会通を内包するに到るべしというような、いわば二重媒介的ともいうべき立場を採ろうとするのであろうか。畢竟するにこれ自覚の立場を徹せしめようとするに外ならない。即ち自証の展開の方法論的自覚の立場に立つならば、今日われらの内容とする維新前までに有した民族独自の精神というものも、厳密には単に無媒介なるわが国自身のものではなくて、それは既に儒・仏の二教を媒介として自覚し展開せられたものと言わなければならぬ。かくして明治維新前までにわれわれに摂取せられた儒・仏の二教は、内容的にはそれぞれわが国化されたものであって、これを日本儒教・日本仏教というように何等の差支《さしつか》えもないが、しかしこれら両者の相互関係に至っては、未だ全く無媒介というの外ない。かくして両者は全くの無連絡として所謂赤の他人であるのみか、時としては相互に対立し相克する場合さえあったのである。即ち儒・仏はそれぞれ個々としては相当程度わが国化せられたのではあるが、しかも儒・仏相互の間には何等の融合をも見るを得なかったのである。成程その間かの今北洪川《いまきたこうせん》の「禅海一瀾《ぜんかいいちらん》」の如き、これ等両者の融会《ゆうかい》に対する努力が皆無ではなかったとしても、畢竟これ木に竹をついだ程度の不徹底なものに過ぎない。

如上儒・仏の二教が、明治維新前までに、それぞれ別々には相当程度わが国化せられつつ、一たび両者相互の関係に至っては、全く融会相通を得なかったということは、一面からは儒は世間的、仏は出世間的であって、全くその体験の色調を異にする二大文化系列たることにもよるが、これを方法論的立場より見れば、両者を相互に会通せしむべき媒介としての第三の契機を有しなかったことに基因するともいい得るであろう。そして儒・仏というような体認の色調を異にする二大異質的文化体系を会通せしめる媒介となるものは、必然に一面からは体認の色調に乏しいと共に、他面理法の論理的性格において卓越したものであることを要する。そしてわが国が明治維新以後当面した西欧文化の系列こそ、まさにこのようなものをその根本性格とするものであったのである。もし西欧文化が、儒・仏と等しくその全体的色調が体験的であり、更には、儒・仏以上に体験的なものであったとしたら、儒・仏二教の会通は更に遙かに困難であったはずであるが、何等の倖いかわれらの民族は、まさにあるべき所要の性格をその基本特質とする西欧哲学思想に触れるを得たのである。これわれらの民族にとって実に至大なる天の恵福といわざるを得ない。

かくしてわが国当来の哲学の根本方向は、これを方法論的には、如上西欧哲理による儒・仏二教の会通を媒介とすることによって、わが民族に独自なるその世界観人生観を自証し展開するにある。即ちいわば二重媒介による自覚の深化徹底というべきである。これに対しては、わが国固有の神道はこの場合如何なる位置と意義とを有するかを問う人もあるかと思うが、如上西欧哲理を媒介として儒・仏二教を会通せしめる大用こそ、実にその根本力によるのであり、又これをその包摂的意義からいえば、かく自証し展開せられる民族の自覚体系そのものこそ、実に語の本来の意義における「かむながら」というべきであろう。いずれにしても、如上媒介の摂取ないし会通の作用等、自覚的展開の根本動力は、民族に本具固有な根本力によるでなければ、到底不可能なこと今更いうまでもない。

以上方法論的観点から、一応わが国当来の哲学の根本方向を考えたのであるが、しかしわが国の当来の哲学を、如上西欧哲理を介する儒・仏二教の会通を媒介とする民族に固有な世界観人生観の自証展開というを以て、徒《いたず》らに欧を軽んじて儒・仏二教の旧套《きゅうとう》を墨守《ぼくしゅ》しようとする固陋《ころう》の見と解されるとしたら、もとより著者の真意から遠い。そもそも近頃媒介という言葉は、端をヘーゲルに発して多くの人々によって用いられつつあるが、この語の実際の運用については、深き注意を要するものがあるかと思われる。けだし媒介という語は、いわば一応自覚を完了した上で、その反省的分析の立場からいうことであって、今現実に実現の着手の立場からしてこれをいえば、媒介の摂取融化こそ重大な意義を有するのであって、このことはひとり学問上の媒介のみに限らずそもそも媒介の語の語源である人事上の媒介においても亦そうである。結婚による夫婦的結合の成立するまでは、媒介人は夫婦の道を象徴する者として、又両者の結合力として絶対性を有するが、一たび結婚が成立すれば、その力はしだいに結婚当事者相互の内在因に転ずるのである。

同様にわが国当来の哲学の根本方向を、その方法論的観点から、西欧哲学の論理的体系性を媒介として儒・仏二教の内含する理法の会通を介して、わが民族に固有な精神内容の自覚顕彰にあるというは、ただ大観の立場に立って、これを論理的反省の面よりいうに過ぎないのであって、今現実における如実の実現過程としては、まず媒介としての西欧哲学の十分なる摂取融化を要すべきは言を俟たない。けだし媒介としての西欧哲学の融化の程度が、そのまま、これを媒介として融会会通せしめられる当来哲学の体系性に反映するがゆえである。さればまさに来るべき哲学における体系性は、畢竟わが民族の消化し得た西欧哲学の体系性の度に比例するというべきであろう。そして従来儒・仏を以て全一学としつつ、しかも両者の会通による融会統一を得るに至らなかったわが国の思想において、今日最も欠損し要望されているものが体系性である以上、今日われわれの最も努力すべき処が、西欧哲学の有するその体系性の摂取であるは当然であり、又事実わが国現時の学界の現状も、明かにこの事実を示している。しかし今日まではとにかくも、今後わが民族の自覚的進展の立場からいえば、単に西欧哲理の模写的摂取に止るべきでなく、更にこれを介して従来われわれに摂取融化して来た儒・仏二教の内容の融会会通に力むべきであり、そしてこの事は畢竟民族に固有な世界観人生観の体系的自証の徹底の外にないわけである。しかしこの際注意を要する事は、媒介を最初から単に媒介として軽視すれば、そこに招来せられるものは必然に内容の貧寒窮乏の外なく、さりとて又媒介の媒介たる所以を徹して自覚するでなければ、遂に回光返照して自己に還りきたる期はないということである。

勿論民族の将来を大観すれば、われらの民族が如何に無自覚なればとて、永遠に西欧哲学に隷属して、いつまでもその模写に終始するものとは思われない。随ってこの立場からは、わが国が将来真にその大を為そうとするには、あまりに早くから日本的等といわないで、今後も益々彼の摂取に努力すべきであるとの言は一応もっともではあるが、同時に又民族の現実的生成の根底には、常にその生命の内面に一種の自覚体系がなければならぬであろう。そしてそのような立場からは一個の民族には、いついかなる時代にあっても自らの自覚体系ともいうべきものが、それぞれの思想家を通して実現されることが希求せられるのであって、即ちわれらの民族は何よりもまづ自らを導くべき独自の世界観人生観を希求せざるを得ないのである。

四

しからば、上述したような立場から招来せられる当来の哲学は、如何なる特質をもつべきであろうか。この点に関してまず問題となるのは、民族的な色調をおびた世界観人生観が、その根底に希求せられるということであろう。即ち今日までの哲学は多くは西欧哲学の模写的移入の域を脱せず、そのうち独自の哲学体系を樹立したといわれる人々でも、その基礎体験をなすものは多くは仏教的ないしは儒教的体験に基づくものであって、わが民族の生理的体質の窺われるような哲学説は、一、二の人を除いてはほとんど見られぬのである。無の立場に立つというも、無を単に世界根柢としての不可限定的超在と見るのみで、その無限の生々を認めない限り、未だ真に民族の世界観とはいい難いであろう。真の「無」とはわれらにあっては、そのような単に世界基底的のものではなくて、他面超越的存在への仰信に即する個我の否定作用に内在する一面が看過せられてはなるまい。随って未だこの趣を体認するに到らない無の哲学というが如きは、これを印度的仏教的という意味では東洋的といい得るとしても、真にわれらの世界観とはいい難いであろう。かくしてわが国当来の哲学は、単に西欧哲学の模写的立場を脱却する許《ばか》りでなく、厳密には単に東洋的というのみに留らず、儒・仏を超えてこれを包摂すべき真の世界観体系が展開せられなくてはならぬ。

勿論かくいうは、当来の哲学を単に従来の神道説、ないし国学の如き形態に復古せしめようとするでないことというまでもない。その点からは従来の儒・仏の学の程度の体系性をもってしては、もとより十分ということは出来ない。儒・仏の二教といえども、それが全一学である以上、それはそれなりに一個の全一的体系を具し、その体系は、体系性の必然として、必然客観自然界とも全然無関係とはいい得ない。即ちそれぞれの程度並びに様式において自然界を包摂してはいる。但しこれを西欧哲学と比べる時、その客観自然界の包摂は、西欧哲学におけるような自覚的包摂ではない。これ何によるのであろうか。他なし、東洋には古来西欧におけるような客観自然界の組織的把握としての所謂自然科学なるものを欠くが故である。そもそも西欧の自然科学は、いわば客観自然界の方法的把握とも称すべきものであり、随ってこのような自然科学を媒介として、客観自然界を包摂する西洋哲学の自然界の摂取は、よく自覚の実を挙げている。しかるにこのような自然科学を全欠する東方儒・仏の学にあっては、なるほど全一学として或る意味では自然界を包摂する処があるとはいえ、その包摂は彼におけるような意味での十分な自覚的摂取たるを得ないのである。そしてここに東方哲学が、その体系性において西欧哲学に一籌《いっちゅう》を輸《ゆ》する所以があり、わが国今後の哲学はこれを儒・仏に比する時、何よりも先ずこの体系性の点においてその特質を有すべきであろう。

しかしながらわが国当来の哲学の特質が、このように自然界の自覚的摂取による体系性の展開に存するというが如きは、一代の俊秀を挙げて西欧哲理の摂取に没頭しつつある現時にあっては、今更事新らしくいうを要しない事柄であって、ただここには、従来わが民族にとって唯一の全一学であった儒・仏との対比の上から念のために一言するに止まる。かくして当来の哲学の形式的特質は儒・仏のそれとの対比において考えるよりも、むしろ現在ほとんど盲目的に典範として、模写せられつつある西欧哲学との対比において考える方が遙かに適切であるといわざるを得ない。実にこの側面よりの考察こそ、われわれをして、その盲目的な西欧哲学への隷属より解放せしめる有力な示唆となるであろう。

それについて先ず第一に挙げられるのは直観的という事であろう。即ちわが国当来の哲学は、西欧哲学に比してより直観的となるべきものと思われるのである。勿論西欧哲学といえども、それが哲学である限り、それは必然如実なる自覚の展開であり、随ってそこに一種の直観の予想せられることは言うまでもない。しかしながら西欧哲学は、勿論その内部において種々なる直観の段階を有しはするが、これをその全体の上より観ずる時、特にわが国民の性情と比べれば著しく理論的であり、更には論理的なるを思わしめられる。そもそも西欧哲学は、前述のようにそれが自然科学を介して自然界を包摂する点において、既に東方の如何なる思想よりも理論的であるが、われわれ日本民族は印度及び支那の民族と比べても、より直観的具体的である。印度哲学に比すれば支那哲学はその理論性において乏しいといえるが、わが国においては更に著しく直観的具体的である。随ってわが国当来の哲学は、既述のようにこれを従来全一学だった儒・仏と比べれば、もとより大いにその体系性の展開拡充に努力すべきは論を俟たぬが、ただこれを全体として大観する時、その理論性体系性は、西欧哲学のそれとはその趣を異にするものがなければならぬと思う。このことは例えばわが国の仏教消化史の上にもこれを窺いうるものである。即ちわれわれの祖先は倶舎・唯識より天台・華厳等の教学に至るまで大いにこれが摂取消化に努力したのではあるが、しかもこれが一応の消化を了れば華厳のような煩瑣《はんさ》な概念的組織は、わが民族の性情の永く住し得る処ではなくて、先ず真言の具体的教学となり、次いでより易簡な禅及び浄土教となり、最後に日蓮の国家的自覚に到って、仏教の最初の偉大な摂取者たる聖徳太子の自覚に返照している。

このような立場からは、吾人はわが国現時の学界において典範であるかの観あるドイツ哲学のみが、永遠にその典範的位置を持続し得るや否やに対しては多少の疑問なきを得ないのである。ドイツ哲学は理性の哲学であり、その理論性は深くその論理性と交錯して、全西欧の哲学中でも最も理論的なるものというべきである。随ってその意味からは現在わが国において最も行われつつあるドイツ哲学は、一面からはわれらの民族的性情に最も遠い一面があるとも言い得るであろう。かくいえば人はその所以を怪しむであろうが、これに対する吾人の見解は明白である。即ち卑見によれば、われらの民族にはその性情の一面として大なる弾力性があり、それは恐らくは人類の中にもその比を見ない底のものとも思われる。かくしてわれらの民族は、自己に固有の性情とは最も異質的なものをも摂取しようと努力するのであって、如上の例はこれが好実例であると信ずるのである。随ってわが国の当来の哲学は、今後とてもドイツ哲学に負う処が少《すくな》くないであろうが、同時にそれのみに止らず、これを介して更にギリシャ及び中世の偉大な形而上学の内容を直観的自覚的かつ縮約的に取する日の来ることが思われるのである。尚ドイツ哲学がわが民族の性情と質を異にすることは、その言語とも深い連関があるかと思われる。今日西欧哲学の中、その翻訳の最も解し難いのがドイツ哲学の訳書であることは一般周知の事柄であるが、これはドイツ語が他の西欧諸国語に比して著しく論理的抽象的であって、わが国語の流麗閑雅《りゅうれいかんが》であるのと著しき対照をなすがゆえである。しかもドイツ哲学の中この趣を最も著しく現わすものはカント哲学であって、実にカント哲学こそはドイツ哲学の典型というべきである。しかもわが国の従来の学界は、このカント哲学を以って最も正統的な哲学入門とし、かつ典範として来ったのである。卑見によればここにわが国の哲学界の自立の遅れた一大因由があるかと思われる。今この意を極言すれば、従来わが国で西洋哲学に向った人々が、民族の最も俊英であったにも拘らず、自らの自覚的体系を樹立するに到った人の寥々《りょうりょう》として乏しいのは、その哲学の入門を、如上、民族本質の性情に対して最も親近性を欠くドイツ哲学、就中《なかんずく》カント哲学に求めたことに基因するではあるまいか。かくいうは勿論カント哲学の真価に対する否定でないこと言うまでもない。否かくいうことこそ、かえってカント哲学のまさに有すべき位置に対する正当な認識の披瀝《ひれき》というべきであろう。思うにカント哲学は、その本質上、恐らくは生来理論的な彼の土の哲学学徒に対しても、単なる学生期の入門書としては不適当であるであろう。いわんやその性情、彼に比して遙かに具体的直観的、そして内容的なわが国の初心の学生にとっては、所謂入門の書として好適でないのは言を要しない事柄である。即ちその本性の我に対する異質性よりして、初心の入門者が、最初からあの凝然たる桔屈《きっくつ》な概念の形式的体系より入ろうと努めることは、結局哲学的思索への精根を消尽《しょうじん》して、ついには哲学そのものに対する希求と憧憬をも喪失する結果となるのである。かくして吾人には、邦人としての哲学入門の途は、彼の土においてはギリシャ、中世及び近世初頭の、偉大な形而上学説より入るのが、よりふさわしかるべきを思わしめられるのである。そしてカント哲学に至っては、既に自家の体系的知見の一応の輪廓を描き得た段階に至って初めて触れるべきであろう。この時カント哲学の有する凝然たるかの概念的組織も、今は必しもその人を圧し去ることなく、否カント哲学に特有なかの主観化の浄化作用に接して、カント哲学の真義は、初めて深くその本来の意義において生かされるであろう。これ現に彼の土における哲学思想の通過した歴史的な道行でもある。いわんやその性情彼より遙かに直観的であり、更には全東方民族中でも最も直観的具体的なわれらにおいておやである。

当来の哲学の一特質としての直観性具体性は、一特質であると共に又実にその全特質ともいい得るのであって、自余の特質は皆これとの連関において考えられるものである。即ち直観的なことは、やがて又それが形式的抽象的でなくして内容的具体的なるべきことを意味する。西欧哲学特にドイツ哲学は、カント哲学をその典型として抽象的形式的であるが、わが国当来の哲学は儒・仏二教の具体的内容との内面的連続を失わない限り、ひとりドイツ哲学のみならず、その基本性格としては恐らく全西欧哲学中の如何なるものよりも具体的内容的となるべきであろう。そしてかく具体的内容的ということは、必然に又それが実践的たることと連関する。けだし真に具体的なものとは、実践的なことの外ないからである。かくして又この実践的性格は、わが国の当来の哲学をして、西欧哲学のように単に認識論・形而上学・倫理学・歴史哲学等と分科的ならしめないで、その基調においては渾融的全一態を呈せしめるであろう。勿論かくいうは、前述のような諸々の分科的研究を認めぬというのでは決してないが、しかもそこには自ら彼の土におけるような学の境界の排他性は少くて、渾一的融和性の趣をより多く帯びるべきことを言うわけである。

しかも如上の全一的傾向は、これをその表現の上より見る時、同じく体系的展開でありつつ当来哲学の表現は、西欧哲学のそれに比すれば渾一性を帯びるべく、随って又その外形からは、西欧哲学に比してより多く象徴性・易簡性を帯びて来るべきであろう。けだし具体性・直観性の表現形式は必然に象徴性を帯びて来、象徴性は又その形式の上からは易簡性に帰すべきだからである。勿論かくいうは、西欧の近代哲学の表現形式との対比の上から言うことであって、哲学がその形式的統一の上からは「諸学の王」として体系的であるべき限り、その根本において、理論的体系的表現であることはいうを要しない。只ここには如上西欧哲学との対比の立場より、その象徴的非分析的傾向を帯びるべき一面をいうまでである。

最後にわが国の当来の哲学の具すべき特質として最も重大なものは、その体系的内容からいえば、形而上学的要素と、歴史哲学的要素との渾一的融合ということであって、これを儒教の語を借りて言えれば、所謂経・史の相即一体性である。尚今ひとつ表現様式について考えしめられる一事がある。それは西欧哲学は一般にその表現の形態が、専門的な純学術的一様式のみに限られるのが常であるが、わが国の当来の哲学においては、表現様式そのものにおいてもある種の階層性が考慮されるべきではないかと思うのである。即ちそこには専門的な純学術的表現の外、更に化他的方便的表現をも具すべきであろう。この事は現に儒・仏二教の摂取史の上にも見られることであって、わが国における偉大なる古聖先哲は、多くは表現におけるこのような「自証」と「化他」との二重の表現的構造を有するのである。しかるに西欧哲学にあっては、単に自証にのみ専注して如是《によぜ》の啓発性を有しないのである。もっともかかる化他的啓発面の要を説くことは、現在のような過渡期にあっては、学の堕落として容易に一般的是認を得難いであろうが、卑見によれば哲学はこのような化他的一面を併せもつことによって、かえってその独善的貴族主義の現実遊離性より救われると思われる。単なる自内証の学的展開面しかもっていない思想家は、かえって展望の領域の狭小を語るに過ぎない。そもそも真にこの現実の天地人生を大観する偉大深遠な思想は、独り一部専門家の有に止るべきではない。この一点を看過ないしは蔑視して、独善的貴族主義の城壁内に閉じ籠《こも》るとき、遂には口さがなき輩をして、哲学を以て「亡国の学」なりと言わしめるに至る恐れがないともいえないであろう。さればいやしくも哲学を修める者としては、自らの従事しつつある処が、自己も亦その一員である民族の現実に対して、如何なる意義を有するかについて、常に深省を怠らぬことが必要である。

五

以上甚だ粗略ではあったが、わが国当来の哲学と考えられるものの根本方向について、主として方法論的視角から一応の瞥見を試みたのである。しからばわれわれは現在身をこのような歴史的境位に置きつつ、当来の哲学の方向への一歩は、これを如何に踏み出すべきであろうか。その現前直下の着手点は、そもそも如何なる処に見出すべきであろうか。もしこの現前直下の着手点が明確でないとしたら、如上の見も畢竟又一場の空言であり、更には一個の空夢《そらゆめ》となり了るというの外ない。かくしてこの現前直下の着手点として、吾人はこれをわが国が現在有する若干の先覚的思想家の世界に、先ず身を以て沈潜《ちんせん》すべきであると思うのである。卑見によれば、ここにこそ邦人としての哲学入門の正路があると共に、又実に唯一の最捷径《さいしょうけい》と信ずるのである。もし真に身を以てこの一関を透過し了るならば、そこには東西古今の古典的大思想家の有する位相も初めて瞭然たるを得るであろう。ゆえに又真にこの一関を透過しない限り、西欧の古典的典籍に学ぶといっても、畢竟それはその外面皮相に対する平面的模写の域を全脱しえないものというべきであろう。

しかるにわが国現時の学問界の一般的傾向を見るに、なるほど近時学界の一部には、ようやくこの点に関する多少の自覚の兆しを見ないでもないが、しかも全体としては依然として哲学入門の最初から直ちに某々の西欧の古典的典籍につこうとする。そもそも一個の哲学体系は、その如実なる把握に至れば必然その体系に触発せられて、自らの自覚的体系を得るに至るべきものである。が、それだけに又体系の真の把握の如何に容易でないかを知るべきである。けだし体系の樹立は、当該思想家の個性的観点から、その典範とする体系を介して、この如実なる天地人生の実相を、理法の秩序に即して把握するの謂いに外ならない。随って哲学的思索に当って最も必要とせられるのは、儼たるこの天地人生の実相の如実把握の外ないのである。もしそうとしたら哲学的思索に当って、特にその最初の入門に際して範とすべき体系は、自己と最も親近性のある自国現時の思想家たるを便とするわけである。上来述べて来たようなわが国現時の学問的混乱の時代にあっては、これが真の自覚的統一はまことに容易ならざることであって、一歩を誤れば終生哲学に従事しつつ、その得る処は単に西欧思想家の模写的断片の集積にとどまり、如実にはほとんど何物をも得ることなくして終る恐れが少くないのである。

すべて真実なるものの実現は、常に現前直下の脚下に返照し来たって、そこに現実の一歩を踏み出す処に始まる。わが国現時の学界において、哲学に従事しつつある人々の素質の俊秀とその努力の大なるに比して、哲学の本来たる体系の自覚的樹立を見ることの寥々として乏しいのは、この現実直下の一点への返照を欠いて、徒らに最初から歴史・伝統・人情・風俗等を異にし、特に言語の相違から来るその表現形式の根本的に異るかの西欧哲学に当面するゆえかと思われる。それゆえ時は流れても人は常に入れ代り立ち替って、いわばいつもＡＢＣから習いつつあるが如くであって、真の嗣承展開の跡の見るべきものが少ない。もとより哲学は、それが一個の全一学たる限り、個別科学のように先人の業績の上に煉瓦を積みゆくようなわけには行かない。否哲学は常に素裸で、最初の第一歩から出発しなければならぬことは、あらゆる時代を通じて変らない。だがそれにも拘らず、哲学も亦有限なる人間的営為の一つとして、常に自覚の媒介として、一個の典範的体系を必要とする限り、それはあらゆる意味において、最も深く自己に内面的親近性を有するものでなければならぬ。けだしこの時自覚の触発は、最も容易かつ順正なるを得るからである。

かくしてわれわれにとって現前直下の発足点は、必然に現在民族の有する若干の先覚的思想家に求められるでなければならぬ。われわれはその光に照らされる時、一面には自らの自覚内容の体系的展開の方途を触発せしめられると共に、他面、東西古今の古典的大思想家の位相をも知らしめられるのである。即ちわれわれは如何なる古典的思想家について、如何なるものを学ぶべきかを真に大観することができるのである。換言すればわれわれは、かくして初めて自らの体系的自証のために、それら古典的大思想家の世界に入り行くべき真の開眼を得るのである。今日わが国において西欧哲学の摂取に向けられつつある努力は、誠に容易ならざるものがあると思われるが、しかもその間真に自覚的摂取といい得るものが、果して如何ほどあるであろうか。けだし哲学が本来体系的知見である限り、西欧哲学に対する真の自覚的摂取と呼ばれるものは、必然自己に還って自らの体系を描くでなければならぬ。しかも現在わが国の哲学界において、真に自家の体系を有する思想家を果して如何ほど数え得るであろうか。この点に触発せられて、吾人に思い浮《うか》べられることは、今日哲学といえば人々の多くは、唯ひたすらにドイツ現時の某々哲学に向う傾向にあるが、我々は更に眼を転じて他の諸民族が、果して如何なる態度と観点から自らの世界を建設しつつあるかを考察する必要がある。そしてこの点では、かのヴィーコに始《はじま》る伊太利民族の哲学の歩みの如きは確かに一顧に値すると思われるが、更にこれとは或る意味で対蹠《たいしょ》的ともいうべき、ロシアの十九世紀以降に始る、ソロヴィヨーフ以下の正統的なロシア哲学の歩みの如きも、その民族の本具固有の性情に即して、全西欧哲学史中最も自己に親近なるものを摂取しつつ、よく独自の体系的系列を生み出しつつあるを見る時、彼よりは遙かに遠離疎隔の位置にあるわれわれの、現在のような盲目的隷属的な模写的摂取の状態に対しては、まさに他山の石というべき意味がある。

更に転じてこれをわが国の過去に見るならば、われわれはわれらの祖先が、如何にして儒・仏の二大思想を摂取して、よくこれを自家薬籠中《やくろうちゅう》のものとなし得たかについて反省することは、今日われらにとっては外教である西欧哲学の摂取の上に、重大な示唆を与えられるものと思われる。仏教については既に一言したが、更に儒教について見ても、例えばかの山崎闇斎《あんさい》に始る崎門の学が、朱子を中心として宋学を摂取し消化した道行の如きは、注目に値《あた》いするものというべく、その講義の言々句々を筆写したその派の写本に即して、今日再びこれを如実に跡づけるが如きは、一つの民族にとって一大異質的外教の摂取が、如何に難事業であるかを知らしめられるものとして、まことに軽からざる意味がある。即ち今日ある意味では、当時の儒教以上に異質的であり、かつ巨大な思想体系としての西欧哲学の摂取の上にも、重大な示唆の光を投ずるかと思われる。誠に一個不世出《ふせいしゅつ》の英傑たる闇斎が、その巨眼を開いて茫漠たる当時の学界を展望しつつ、その中何れが果して真にわが民族にとって最も本質的であるかを洞察してその要を採り、自来その弟子佐藤直方・浅見絅斎《あさみけいさい》・三宅尚斎《しょうさい》等の三派に分《わか》れつつ、それぞれ師闇斎の所摂を尊信して、以下代々の門弟子相承け相嗣いでこれが体認消化につとめた趣の如きは、その根本性格はもとより、言語文字までもわが民族にとって異質的な西欧哲学の摂取にあたって、今後われわれが如何なる努力を、如何なる態度においてなすべきかを三省せしめられるものがあるであろう。

併しながら翻って考えれば、このような異質的文化の摂取融化の跡に対する考察の如きも、畢竟先ず自覚的なる着手点の順正を予想してのことである。即ち既に述べたように、何よりも先ずわれわれは、われらの民族が現在有する少数の先覚的思想家に学ぶことより始むべきである。しからば、今日わが国の学界の先覚的思想家として、当に来らんとする哲学の礎石を置きつつあるのは、そもそも如何なる人々というべきであろうか。それはまさに上来述べて来た当来の哲学の具すべき特質を、既に現在において実現しつつあることによって、それが如何なる人々であるかは自ら明かなるわけである。そしてその洞観《どうかん》と決定に、現時における哲学の真の第一歩は始るのである。

二　学問の態度及び方法

一

いやしくも何らかの事実の創生せられる処、そこには必然にこれを生める方法が存すべく、又方法の存する以上、これが自覚としての方法論の存すべきは理の必然である。東方古来の芸道において、一道に達した人々によって語られる所謂芸談と称せられるものの如きは、いわばこのような方法的自覚の最具体的な端的を語るものとして、ひとりその領域の後進にとって大なる導光たるに止まらず、更に他の領域の道を歩む人々にとっても多大の示唆を与えるのである。例えば一世の茶人が茶道において悟得した境涯の趣は、ひとり茶道における後進者のみでなく、華道・書道はもとより、更には絵画・彫刻・演劇等々あらゆる領域において真に芸道を歩む心ある人々に対して、大なる示唆を与える。否ひとり芸道の士とのみいわず、更に広く現実の政治・経済等の領域に活動する人々にとっても亦裨益《ひえき》する処なしとしない。更には学問の世界に精進しつつある心ある学徒にとっても決して意味なしとしないのである。けだしそこには、特殊的な角度において把握せられた普遍的真理が、最も具体的な形態において示されているからである。

しかるに今広義における学問の世界を見るに、勿論そこに学術研究上の幾多の苦心工夫が語られていないわけではない。しかしながら、これを諸々の領域における芸道の苦心談等と比べる時、われわれは遙かにその乏しきを歎《なげ》かずにはいられないのである。しかるに一たび転じて哲学の世界をみれば、そこには実におびただしいまでに所謂方法論なるものが行われている。しかもば同じく学問でありながら、個別科学と全一学としての哲学との間に、このような差異を生ずるのは何故であろうか。おもうに全一学としての哲学は、屢説のようにわれわれの有限知を以て、絶対的全体を把握しようとする努力として、それは必然に自覚の学であり、更には自覚内容の体系的自証の学である。即ち哲学にあっては、自覚的なることが何よりもその特質でなければならぬ。勿論他の個別学においても、それぞれの領域並びに立場において、甚大な工夫と苦心とが払われているのではあるが、しかも今一切の立場的限定をもたぬ絶対無制約的な立場を、その本来とする哲学と比べれば、立場そのものに即する工夫論を生み出すまでには到らないのである。しかるに哲学にあっては、立場そのものが、何等客観的に限定せられることがない。かくして自らの立場を措定し確立することが、何よりも先ず要請せられる哲学において、方法論の盛んなのはまさに当然のことというべきであろう。

しかるに一歩を進めて哲学の領域における所謂方法論なるものを顧るに、そこで論議せられている事柄は、主として歴史的に現われた主要な哲学説に関して、それぞれの学説の体系的特質の比較考察に終始するものの如くであって、かの芸道の世界における所謂苦心工夫を語るが如き趣は皆無である。即ち直接体系の創生に関する工夫の深意を窺い得るが如き趣のあるのは、ほとんど絶無である。勿論この事は、一面からはもっともな現象というべきでもある。けだし哲学の特質がその学的体系性に存し、随って哲学的思索における工夫の焦点は、常にその体系の建て方の如何に向けられている以上、今哲学の方法論といわれるものが、既存の思想家の体系的の特質の吟味に、その主力が注がれるのはまことに当然というべきである。即ち哲学はそれが芸道などと異ってその全特質を体系性に置く以上、所謂方法論なるものの中心眼目が体系の特色という一点に集中せられ、かくして若干の典範的体系の特質の吟味に、その主要関心事の置かれるのは、けだし当然というべき処がある。

しかしながら翻って考えるに、このような既存の学説に対する単なる体系的特質の吟味が、果して哲学方法論において、真に第一義的なものというべきであろうか。そもそもそのような歴史上における既存の体系の、体系的特質の比較考量というが如きものが、はたして如何ほどの程度において現実の哲学的思索に寄与するであろうか。特にそれが現実の体系樹立の工夫の上に、如何なる示唆を与え得るであろうか。勿論哲学の本質的特色が体系性に存する以上、歴史上主要な学説に対する体系的特色の比較考量が、現実の哲学的思索に対して決して無意味であるとは思われない。否恐らくはそのような努力も幾多の示唆を与えることではあろう。しかしながら、それらの示唆の与える意義は、少くとも自らの体系展開に対して第一義的とはいい難いであろう。けだし現実の体系創生の工夫に対して第一義的示唆を与えるものは、客観的側面からは、自己の個性と最も親近相似する体系の全的展開そのものであり、これを主観的側面に即しては、最も理想的には、如上体系の樹立者たる当該思想家によって語られる処の、体系の樹立に到るまでの諸々の工夫の深意と秘奥とを開示せられることであろう。卑見によれば、かくの如きものこそ、真に体系の展開に対する第一義的示唆というべきものであって、これに比すれば既存の学説間における体系的特質の吟味比較に終始する、従来の所謂方法論というが如きものは、畢竟死せる牛馬の解体的研究にも比すべく、これを生きた牛馬を育てる工夫の深意と比べれば、どうしても第二義たるを免れない。

屢説のように哲学の根本特質がその全一的体系性にあるとすれば、哲学の方法論においてその中心眼目をなすものは、何よりも先ず体系創生の一事に存しなければならぬ。随って真の哲学方法論は、この体系創生の一事に始終すべきである。勿論哲学の方法論を以て、既存の学説の体系的特質の比較考量とする立場にあっても、哲学方法論の究竟目標たるこの体系的吟味に、その主眼を置くではあろう。しかしながら現実の結果においてそのようなものが、思索における如実の工夫であるの真の方法論として、果して第一義的意義を有するであろうか。まことに大なる疑問なきを得ないのである。卑見によれば、このような哲学史上の主要な学説の体系的特質の比較考量というが如きことは、後にも述べるように、その意義はかの仏教における「教相判釈《きょうそうはんじゃく》」と同様であって、即ち自己の立場の権威を、客観的に確証しようとする処にその意義は存するであろうが、それを直接体系創生への工夫の深意とは見難い。少くともそれに対して第一義的意義を有するものとは思われぬのである。

上来述べて来たように吾人は今日普通に所謂哲学の方法論と称せられるものに対して、如上仏教の教相判釈的意義を認めるにおいて毫《ごう》も吝《やぶさ》かではないが、しかし真に体系の創生に対して、触発し照明する真の第一義的方法論とは信じないのである。けだし哲学は屢説のように自覚内容の体系的自証として、常に主・客の相即的な相互照明を必要とするにも拘らず、所謂方法論なるものは、客観的側面に執して、これを生む主体の現実生活における工夫の深意を閑却するが故である。所謂模写紹介でない真の生きた体系は、その現実的根柢としての主体的側面において、常に当該思想家の現実の人生に対する態度を予想するものである。即ち真の方法論においては、単に客観的な体系の吟味――それも自己のものでなくて諸々の学説の比較考量というが如きもの――のみでなく、何よりも先ず生ける一個の体系を生み出した主体の人間的態度が重視せられるでなければならぬ。随って真の方法論は、単に客体的な所謂方法のみでなくして、これを具《つぶ》さにはまさに「態度及び方法」として、主客の相即的なる相互・相応・相照として把握せられるべきである。同時にこのような主体的側面における態度並びにその如実な工夫の深意を窺う点において、最も重大な示唆を与えられるのは、古来東方において所謂「為学論」の名称によって呼ばれて来たものである。勿論東方の教学は、その体系性において、これを西欧哲学と比べるとき、著しき遜色あるは今更いうまでもないが、同時にその主体的側面における工夫の密意を語る点では、遙かに西欧のそれを超出する。否西欧においては、そのような思索主体の如実な工夫を語るものは見られぬというべきであろう。ここに両者の自覚的統一としての新たなる学問方法論の究明されるべき意義があるわけである。

二

世上に所謂哲学の方法と称せられるものが、その如実においては、若干の主要な学説間における体系構成の特質の比較考量に止まって、体系創生への如実な工夫に到り得ないことは、既に前節において述べた所である。これ哲学は既にも述べたように体系性をその特色とするが故に、本来最も動的な工夫論たるべき方法論までも、いつしか体系的凝固の形態を模するに堕するが故であろう。しかも真の体系は、それが特色ある一個の体系として認められる限り、必ずや一個の限定を有し、随って又その形態の上からは、一種の凝固固定の観を与えるともいえるが、しかもそれ自身としては、あくまで生きた生命の動的自証の展開として、その背後には生命の如々流動の趣を予想すべきである。然るにこのような意味での真の具体的な方法論は、体系の創生に即する工夫の展開として、その本質上、必然に超体系性たるを免れず、随って純体系的には論証し得ないわけである。もし強いて体系的論述を試みるとすれば、それはかの仏教における所謂教相判釈の如く、自己の体系の位相を、既存の歴史的諸学説との連関において定位せんとする第二義的努力となる外あるまい。勿論そのようなことも、それが体系の展開の上に、何らかの示唆を与える点では、広義の方法論の一部門となり得るでもあろうが、しかし真の方法論は、語の真義における体系以前として、まさに態度と方法との相即態において展開されるべきであろう。

　そもそも世上方法の語が、ともすれば単に静的な体系の特質の意に解せられ易いが、しかしそれは、その本来ではない。真の方法とは、そのような既に成れるものの静的分析ではなくて、まさに成らんとするものをして、まさに成らしめようとする動的な如実工夫の密意を意味するのが、その本来でなくてはならぬ。勿論方法論として、その一般的論述を試みようとすれば、ある程度一般化しなければならぬことはいうまでもないが、しかもかかる一般化の根柢には、その原素材として、あくまでも当該思想家の体験に根差す、特種具体の工夫の密意が存するでなくてはならぬ。もし方法論にしてそのような特種具体の工夫の密意を欠くとしたら、それは最早単なる諸家の体系的特質の比較考量の域に堕する外ないであろう。随って又工夫論としての真の方法論は、これを純理論的に論述するというは容易でなく、否一面これを許さざるべきものでもある。けだし如何なる工夫論も、もし真に理論的論述に徹しようとすれば、ついに体系的展開に到るの外ないであろうが、同時にその時それは既に方法論たるの真趣を失うに到るが故である。思うに真の具体的体系とは方法論の根柢にある如実工夫の密意の全展開というべきだからである。即ち一切の体系はその背後を、それぞれ固有な工夫論としての方法の秘奥を以て、裏付けられているべきはずである。もし然らざるものがあるとしたら、それは所謂教相判釈的に、既存諸家の体系との連関裡に、自家の体系の定位を試みようとするものであろうが、しかしこれすらも厳密には、既に間接的に工夫の深意を予想するものというべきである。

　かくの如くにして真の方法論は、従来方法論の名によって僭称《せんしょう》せられて来た客体的側面の所謂体系論の外に、更にこれと照応すべき主体的側面における、如実工夫の自証としての工夫論又は態度論との相即的展開に成立するというべきである。既に前にも述べたように如何なる体系も、いやしくもそれが所謂紹介的解説でない限り、その思想家の、この現実の天地人生に対する体認内容の自証的展開として、その背後には必ずやこれを生める工夫の密意が存すべきはずである。そしてここに工夫の密意と呼ぶものもこれを大別すれば、一つは如実なる現実の体認の工夫として、所謂体系以前のものであって、換言すれば所謂全一性の体認に属するものと、今一つはこのような全一性の体認内容を、如何にして学問的体系にまで展開せしめるかの二種に分かち得るであろう。前者はその性質上、ひとり哲学を学ぶ者のみでなく、現実の全一性の体認の工夫として宗教のそれと相通ずるものがあり、ここに偉大なる宗教家の語録が哲学学徒に対しても、その工夫の上に甚大なる示唆を与える所以がある。否、卓《すぐ》れた哲学者のそれと比べてもより大なるものを与えられる場合も少くないであろう。即ち体系の展開の根源には、常にこのような体系以前の根源体験として、一般宗教と通ずる工夫の密意を要するのである。

勿論哲学的思索における工夫は、ひとりこれのみに止まるものではない。それが宗教の如く単なる全一性の体認に止まらず、このような全一性の体認内容を、常に体系的に自証し展開しようとする以上、そこにはまさに哲学に特有な体系的展開の工夫が存しなければならぬ。かくして先きに述べた全一性の把握に対する工夫を、かりに全一的なるもの、又は情意を主とするものとすれば、今体系的に展開自証しようとする努力は、哲学に特有な工夫として、まさに知的工夫とも称すべきであろう。しかも体系的展開は、その体系性のゆえに、必然に自証の展開である以上、このような体系展開の工夫は、単なる知的工夫に止まるものでなく、常にその背後に、情意の裏付けを予想しなければならぬことというまでもない。そしてここに既に全一性の体認を得た者にも、尚念々その知的工夫に即して行的工夫の一面の閑却し難い所以がある。即ち真の哲学的思索においては、顕としての知的工夫に対して、常に幽としての行的工夫が裏付けられなければならぬ。けだし広義の知的工夫としての体系展開の工夫も、これを裏付ける行的工夫の側面より見れば、意志の自証展開というの外ないからである。而してここに東洋古来の為学論の深意が、体系的なる西欧哲理の摂取の努力に際して、改めて返照せらるべき意義が存するのである。

そもそも近頃方法論といわれる時、通常神秘主義（直観主義）・先験主義・弁証法・現象学的方法・解釈学的方法等の語の挙げられるを見るのであるが、元来方法の本質が、体系創生への工夫をその根本とする限り、元来一個の体系には、必ずやそれに特有な独自の方法が存すべきである。されば如上の分類列挙は、主として哲学概論などで採用せられるものに過ぎず、古来の偉大な思想家達は、そのように自らの立場を特に方法的に命名するが如きことはしないのが常である。カント以前の諸々の古典的大家が神秘主義の名の下にほとんど一括せられるに対して、現象学解釈学というが如きものが、それぞれこれと対立し得る程度の位置を与えられるというような定位が、果して将来の哲学史上、どこまで保持し得られるであろうか。いわんや思想は本《も》と精神の伝統の自証展開である以上、われわれ邦人における真の哲学的方法論の吟味は、ひとり西欧哲学史上の流れのみを辿って、彼の土の現時の群小思想家の学説の模写綴拾に終始すべきでなく、翻身一転、われに本具固有の伝統的なものが、今日まで歴史的に如何なる方法的自覚において展開せられて来たかを顧みることこそ、まさに邦人として思索の道に従う者の第一義諦をなすべきものと思われる。

そもそも近時わが国の学界において歴史哲学の叫び声が高く、又歴史哲学に関する論著も少くないが、しかもそれらの思想家が、果して如何ほどわが民族的生命の展開の跡を考察しているであろうか。真の歴史的自覚は、自己の脚下に返照して、自らの生命の今日に至った根源に溯源返照する処に始るべきは、今更言うを要しない事柄である。この意味においてわれわれは、学問の方法論においても、所謂体系的特質の考察を主とする西欧的方法論に対して、人として又思想家としての自己の現実生活に対する主体的反省の工夫に返照して来る処がなければなるまい。かくして初めてわれわれは、われわれ自身に固有の東洋古来の伝統に汲むことができるのである。為学の語は直接には近思録第二篇の名称であるが、しかも広義には為学以下致知・存養より最後の観聖賢篇に至るまで近思録の全篇は、畢竟この為学の内容に外ならない。随って学はこれを東方古来の語に即しては、形而上学的考察としての道体論と、これが如実体認の工夫としての為学論とに尽きるともいえるであろう。しかもこのような主体の態度の自省としての為学論は、先覚の思想に対する領解の工夫であると共に、そのまま又自らの思想の自証展開の工夫でもある。学問の方法における主体的側面の工夫として、態度論の有する意義の重きこと又以て知るべきである。

三

以上のように考えて来るならば、哲学の真の方法論は、これを単なる既存諸家の学説の体系的特質の比較考量、ないしは精々仏教における教相判釈の如く、単に自家の体系の位相を、既存諸家の体系との関連において定位しようとする、所謂客観的立場に立つ方法論を以て甘んずべきでなく、そこには更に主体的態度論として、われわれに伝統的な東方古来の為学論の深意に返照して来べきを知るのである。即ち真の哲学方法論は、単に客体的な西欧的方法論の形骸を打破すると共に、又単に主体的な東方古来の為学論に止まることなく、いわば前者を媒介とすることによって、後者の内容の具体的展開を期すべきである。即ち方法論における主・客の両側面は、互に相即して如々の自覚的展開を始むべきであり、同時に又ここに東西文化の融会をその任とする邦人の学の方向が存するのである。そもそも真の方法とは、現実には屢説のように、体系を生み出す如実な工夫の密意に外ならない。しかるにわが国現時の学問の有するその歴史的位置は、既に序論において述べたように、少くともその形態においては、全然新たなる学の新生創建であるとすれば、これと相即し、更にはそれに先行すべき方法論も、亦同様に全く新たなる方法論の創建でなければなるまい。

それにつき根本的に注意を要する点は、先きに吾人は、われらの民族の文化に関する世界史的使命を、東西文化の融会にあると言ったが、勿論この言葉は今更何等珍らしい言葉ではない。しかし東西文化の融会というが如きは、言うは容易であるとしても、その実現に至ってはけだし至難事といわねばならぬ。否この一事は厳密には恐らくは世界史におけるほとんど究竟的課題というべきかも知れぬ。そしてこの永遠の課題に対する一努力として、先ず全一学としての哲学における統一的努力の要は、何人も容易に認め得る事柄であろう。現にわが国で現在努力せられつつある処も、畢竟その根本方向としては、このような究竟課題への一努力であると言われており、又事実においても、確かにしか言わるべきであろう。しかしながら全一学における東西両洋の学の融会統一のためには、何よりも先ずその根柢としての方法論におけるそれが先行すべきであろう。しかも更に注意を要する点は、われわれ自身の立場にあっては、如上東西文化の融会は、所謂第三者的立場からの外的統一では断じてなく、随ってその能統の一点は、常に自らに還《か》えるの極、自己を超脱する一境に求められなければなるまい。即ちわれわれ邦人として真の方法論を得るには、何よりも先ずわれわれ自身が古聖賢哲の学に対してその如実工夫の密意に参ずるでなくてはならぬ。

今このような立場からは、東方の古聖賢哲の著述は、かの西欧哲理の理論的体系的なのと比べれば、ほとんどそのすべてが学の態度論であり工夫論というべきであろう。かくしてたとえば邦人の努力としては、比較的体系的と称せられる道元の「正法眼蔵《しょうぼうげんぞう》」、親鸞の「教行信証《きょうぎょうしんしょう》」、或は葛城慈雲《かつらぎじうん》尊者の「十善法語」の如きに至るまで、厳密にはいずれも広義の工夫論と言われるべきであろう。その他儒教の領域においても、藤樹・闇斎・仁斎等の諸家の著述は言うまでもないが、更には維新前までのわが国の思想的著述のうち、最も体系的というべき三浦梅園の「三語」の如きにおいてすら、尚かつこれを西欧諸家の理説と比べるとき、そこには主体の側面における工夫重視の為学論的色調のおおうべからざるもののあることを認めざるを得ない。これを要するに儒仏の二教は、その根本特色としては、これを西欧哲学と比べるとき、主体の態度の重視としての為学の工夫に終始するものというべく、このことはひと度《たび》先哲の古典的典籍を繙《ひもと》くとき、随処にこれを窺うことが出来るのである。

そもそも如上東方の思想家が、為学の工夫を語る点では頗《すこぶ》る精到《せいとう》でありつつ、その体系を語るにおいては易簡をきわめるのは、おもうに古来東西において学に対するその根本概念を異にするがゆえであろう。即ち西欧の学は、遠くその淵源たるギリシャにおいて、既に「知のための知」というように抽象的な純理の希求にその端を発し、この傾向は中世に入って、一時キリスト教の為に隠れたかに見えつつ、近代に入って、所謂啓発再生運動としてのルネッサンス以後は、彼れに固有なこの純理の傾向は再び台頭して来て爾来《じらい》今日まで連綿として及んでいる。これに反しわれわれ東方の学は、元来実行のための学として所謂「実学」であり、随って直接実行に要ない末梢的部分は——それが西欧哲学においては、体系的完態の整備のためには必要とせられても——われにあっては捨て去って毫も惜《おし》まないのである。否われわれ東方の学において、体系的思想を展開することの乏しいのは、如上東方教学の根本特色の上、更に真の形而上的世界の消息を示す道体論は、本来自内証裡の風光であり、随って真にこれを解するには、それにふさわしい素質並びにそれに伴う永年の勤学修行を要するとされたのである。けだしその境涯が真にその境域に達していたならば、単なる一語を機としても、よく自証界裡の全秘奥を窺い得ること、あたかもひと度幕を切って落せば、舞台の全景は隠す所なく一時に露呈せられるが如くである。かの釈迦の拈華《ねんげ》に対する迦葉《かしょう》の微笑、或は孔子に対する曽子の「唯」の一語の如き、その典範的なものというべきである。

このように東方の天地にあっては、古来形而上学的なものの真趣は、永年の修証・勤学の結果、ついに黙識心通に到るのが本来であって、相手かまわずに道体論的考察を語るが如きは、却って思想家自身の低劣を示すものとせられて来たのである。即ちその資質が形而上学的なるものの体認に堪えないその粗笨《そほん》さを露呈するものというわけである。そしてここに古来東方の思想が、断片的にはその限りなき深邃性《しんすいせい》を示しつつ、所謂体系的な脈絡関連において展開せられることの乏しかった所以がある。しかしながらそれ等の断片的思想は、成程その外形の上からは断片的に相違ないが、しかもその内容に到っては、卓越した慧知の人格が、その自内証裡の風光を示すものとして、その一々が本来悉《ことごと》く本具の脈絡関連を有する、即ち体系性を内に本具するというべきである。即ち先哲の語録におけるその一言一句の間に脈絡関連を求めれば、それがそのまま哲学的思索の一形態をなすともいえるのである。哲学的思索とは、必ずしも常に疑惑に発するものではなく、むしろ疑惑の根柢には、常に統一への信が予想せられる。おもうに真の哲学的思索とは、自己を囲繞《いぎょう》するこの現実の天地人生の間において、幾多の矛盾に即しつつ竟《つ》いにその背後に、一切の矛盾を統摂すべき根本統一を求めようとする知的営為の謂いに外ならぬ。即ち又単に錯雑混沌の無連関と思われるこの地上の出来事の間に、全体的な脈絡関連を求めようとする努力といってもよい。如上先哲の断片的語録の如きは、そのような体系的な脈絡関連の希求にあたって、先ず最初に着目せられるべき主要な手掛りともいいうるであろう。

かくして西欧の体系的思想に触発されつつ、東方的伝統の学の世界に還り来る時、そこに見られる教学はすべてこれ為学論であって、その悉くが何等かの意味において学に対する、主体の態度に関する工夫の秘奥を語るものであるが、吾らは今日新たなる学の方法論を考えるに当って、特に看過すべからざる一類の著述の存することを忘れてはなるまい。ではそれは如何なるものをいうのであろうか。吾人がここに世上心ある人々の注意を請いたいのは、古来一部の人々によって所謂「学話」の名によって呼ばれてきた一類の文献をいうのである。それは先哲自身が自ら筆をとって、その自内証裡の風光を展開した所謂自証の展開ではなくて、その日常平生の間、機に臨んで不用意に語られた言葉が、心ある門人達の手によってつぶさに録し残されたものをいうのである。この種の文献は、今日までそれが思想家自身自ら筆をとって記したものでないとの理由から、ともすれば閑却されがちであるが、深省するときその内包する真価は必ずしも自著以下に低価さるべきものとは思われない。否或る意味からは、自著以上に評価されるべきだともいえるであろう。けだし自著は自ら筆をとってこれに向う時、そこには既に構想が予想せられるが、しかも構想は文字も示すように、想い構えられるものとして、その論述の組織、体系は、かえって体系以前の源泉としての如実工夫の密意を露わにするを妨げる。これに反して談話は、全く不用意の間に語られるものゆえより自然であり、そこには人為を交える所謂構想の如きものは毫もなく、随って如実な工夫の密意を捉える点において、却ってその機微を窺い得る便が多い。かの世界の四聖といわれる人々の思想信念は、これを伝えるに何れもその自著によることなく、その悉くが何れも門弟後人の筆録の結集に成ることは、今日われわれの改めて深思すべきことと思われるが、われわれの民族はひとりこのような高きについてのみならず、更にわれらに近く親しき多くの先哲についても、同様な幾多の記録を残しているのである。かの二宮尊徳翁に「夜話」「語録」の存することは周知のこととして今更いうまでもないが、仏教の世界においても道元の「正法眼蔵」に対して「正法眼蔵随聞記」があり、又親鸞の「教行信証」に対しては「歎異抄」及び「蓮如上人御一代記聞書」等の有する意義は一般にも知られている。更に儒教の世界においても、かの筆録を主とする山崎闇斎の学派において、幾多のすぐれた筆録の残存することについては、改めてその意義を高唱せざるを得ないのである。この派の強豪若林強斎《きょうさい》の学話「雑話筆記」が、近年この派の耆宿《きしゅく》岡次郎翁の手によって集録せられ、膨大九冊の大冊として印行《いんこう》せられたのを始めとして、更にその学脈を上総道学の家学に享ける篤学池上幸二郎氏の手によって蒐集《しゅうしゅう》せられつつあるその派の「学話」の如きも、わが国当来の学の工夫論に対して、看過し難い意義があるかと思うのである。

四

全一学としての哲学が、屡説のように自覚内容の体系的な自証展開に成るとすれば、哲学的方法の努力は、かの単なる客観的対象界の一部について、その一応の模写的知識を得ようとする所謂個別科学の立場と異ることは今更いうまでもないが、同時にそれは又単に全一性の体認に没入するを旨とする所謂宗教的立場とも異って、主体における全一性の体系内容を、常に客観界に顕現する宇宙的秩序に従って、体系的に自証し展開してゆくことでなければならぬ。かくして哲学的方法の特色は、所謂宗教的立場の純主観性、並びに個別科学の立場の純客観性とも異って、常に主・客の相即的な自証展開でなければならぬ。しかも主・客がかく相即的に自らを展開してゆくとは、即ちその自覚による循環的展開の謂いであって、ここに哲学が宗教及び科学と異って、哲学に特有な独自の立場があるということが出来る。かくの如きは、哲学に本質的な事柄として、何人にも自明なはずであるが、しかも哲学的方法の現実に即しては、何人にも必ずしも明かであるとはいい難いものがある。いわんや方法の自覚としての哲学的方法論として、如上の理を明白に自証し確認することは、何人にも周知の事柄とはいい難いのである。

さて哲学的方法の特質は、前述の如く自覚内容の体系的な自証展開として、常に主・客の相互返照的循環、乃至は螺旋的展開に存する時、翻ってわれわれは、このような自覚における主・客の相互返照的展開において、その契機となるものを明らかにしなければならぬ。この場合かかる自証の展開の根本契機として、第一義的意義を有するものは、主体的側面においては思想家自身の現実生活における体験、特にその全一性の体認が中心となるべく、また客観的側面においては、当該思想家を囲繞《いじょう》する現実の天地人生の上に顕現する宇宙的秩序そのものであるべきは、今更いうを要しない。即ち主体における全一性の体認と、これが内容ともいうべき客観的側面における宇宙的秩序こそは、真の体系的思想の展開において、その根本契機となるべきものと思われる。しかも注意すべきは、主・客の両側面における如上の両契機は、その根本において更にこれを統一するものがなければならぬ。でなければ、これらの両契機も、畢竟単なる対立態に止って、これらの両者を提げて、その相即相照に即して、無限なる展開運動を起すことは不可能だからである。しかもそのような根本統一力こそ、思想家の主観を通して映現する根本主観の力でなければならぬ。

如上真の哲学的方法は、宗教の立場の純主観性、並びに個別科学の立場の純客観的なのと異って、常に主・客の両側面の相互相照・相即的展開裡に行われるのであり、しかもかかる無限なる展開運動の可能な根拠は、畢竟かかる主・客の両側面が、その根柢において主体に即して映現する絶対的主体に基づくべきことは前述の通りであるが、しかも現実における哲学的思索の推進は、如実には如上の両契機のみでは行われ難く、そこには更に第二義的契機ともいうべきものが考えられる。そしてそれは客体的側面においては既存諸家の体系がそれであり、又主体的側面においては、前述諸々の先哲の語録特に所謂学話の如きものと考えるのである。今客体的側面において思索の原型となるべきものは、いうまでもなく現実に内在する宇宙的秩序そのものである以上、一応の理としては、真の叡知の哲人は、何等他人の体系というが如きものを要せず、一路直ちにこの根本原型としての宇宙的秩序の把握に参じ得るとも考えられるであろうが、しかも現実の事実としては、いかなる叡知の哲人といえども、真に自家の体系を得んがためには、必ずや先人の業績によって自らの自覚を触発せられざるはないのである。そしてここにもわれわれは、要媒介性ともいうべき吾々人間の有限性の一面を思わしめられるのである。

同時にこのような人間の有限性の現実は、ひとり如上客体的側面におけるのみではない。自省をその本質とする主体的側面においても、深刻な自反は必ずや何等かの媒介を要とすべく、特に偉大なる先人の語録・学話の如きものを介することによって、始めてその深きに至るがわれわれ有限なる人間の現実である。かくして第一義的には根本主観の統摂する主客の両側面、即ち客体的側面においては自己を囲繞するこの現実の天地人生に顕現する宇宙的秩序、また主体的側面においては、かかる宇宙的秩序を照らす主観の虚明性との相互相即的照明によって、体系生誕の如実の歩みは進められるのであるが、にも拘らず人間の有限的制約は、ひとりこれのみに止まることを許されないのである。即ち単にこれのみに止まるならば、如何なる叡知の哲人といえども、真に広大深遠なるこの現実の天地人生の実相の体系的知見は、これを得るによしないであろう。かくしてそこには更に主客の両側面における第二義的契機ともいうべきものを要するのである。即ち既述のように客観的側面においては先人の体系、換言すれば現実の宇宙的秩序の縮図的把握の典範的実例を、自らの自覚的把握の媒介として要し、又主体的側面においては、かかる宇宙的秩序の全一性に対する如実体認、更にはその内容の自証展開の足場となるべき現実的体験を得んがためには、そのような体認内容の端的易簡の表現である先哲の語録・学話等によって触発せられるの要があるのである。

以上吾人は哲学的方法における第一義的なものとして、先ず客体的側面においては、現実に内在する宇宙的秩序、又主体的側面においては、これが全一的体認、更にこれら主・客の両側面の根本統一として根本主観を掲げたが、しかも考察は単にかくの如きに止まり得ないのである。即ちそこには、更にこれが自覚的把握に要せられるものとして、客体的側面には宇宙的秩序に照応する縮図としての既存諸家の体系の意義を認め、又主体的側面においては、主体における全一性の体認の表現としての語録及び学話の類を、第二義的契機として考えたのである。同時に以上のことは、本質的には何等誤りというべきではないが、しかも現実における方法成立の如実な過程の上より考察すれば、この第二義的契機と呼ばれるものの方が、かえって先ず要とせられるのである。ここにもわれわれは、かの本質的に先きなるものは時間的には後れるという普遍の真理の一実証を見るのである。即ち思索の首途においては、まず先人の体系の理解が先立つべきであるが、しかも著述としての体系は、その実、現実界裡に遍満して洩れることなき宇宙的秩序そのものの縮図投影であるゆえ、両者の如実相即の把握に到るは必ずしも容易としないものがあるのである。けだし著述として表現せられたものは、この現実の天地人生を貫く宇宙的秩序の一反映たることを体認して、その相即性を自証するに到れば、それは既に自らの体系樹立の一歩に立つものというべく、真の哲学的方法は、まさにこの一点に始まると思われる。

然らばこのような著述上の体系と、現実の宇宙的秩序との相即照応性の如実体認は、いかにしてその端を発するであろうか。今現実の主体との相即においていえば、これは主体においてこの現実の天地人生に対する全一性の体認が、その展開の一歩を踏み出す処に始まるというべきであろう。即ち主体における全一性の体認が、単なる全一性の形式的完態に閉じこもることなく、その凝固を破って如々周流を始める時が、即ち著述上の文字を介する体系的表現が、この現実界裡に内在する宇宙的秩序と、その照応を始めるのと倶時現成である。同時に又この事は、前述の語録学話等に即していえば、かかる語録学話等の内容が、自己の実相を照破する光となる時である。即ちこれら偉大なる先人の体認の光に照らされて、それらの語録・学話等が、単に語録学話としてこれを文字の上に読む域を超えて、直接その自証光に返照せられて、自己の如是相を自覚し始めると同時である。それは又これら東方的なる語録・学話等の易簡なる断片的表現が、そのままかの西欧的な巍然《ぎぜん》たる体系的表現と相即融会して、如々流動を始める時でもある。即ち如上根本主観裡に、既述の主・客両側面における第一義及び第二義の契機が、二重的な相関関係の裡に如々周流展開を始めるときである。吾人によれば真の哲学的方法とは、まさにこの一点に始まると思うのである。

五

哲学的思索における具体的な方法の成立を、一応前述のように見てくる時われわれは現在慣行の方法又は方法論と呼ばれるものにおける、一つの根本的な誤謬に気付かざるを得ないであろう。即ち今日人々は所謂「方法」の概念を以て、全く固定的に考え、更には、それが一般的普遍的な形式であるかに誤想する。しかしながら、真に哲学的思索としての具体的な方法は、既に前述によっても、明かなように、決して凝固し固定したものではなくて、如々流動であるべきである。随って又最も個性的人格的なものであって、世上一般に考えられるような所謂一般的形式の如きものではないのである。方法に対する真の理解は、先ずかくの如き生命の流動性と人格性との認識に始るというべきであろう。即ち具体現実には、思想家自身の思索と生活との相即相応の歩々のあゆみこそ、方法の中核をなすべきものであって、かくてこそ歩々方法の展開であり、歩々方法の現成である。されば真の哲学的方法は、その窮極においては、実に当該思想家の現実生活を貫く念々自反の歩みという外ないであろうがしかも、人はともすればその形骸を捉えて以て真となし、思索の足跡を固定せしめて以って方法と誤想する。そもそも歩行とは、歩々のあゆみそのものの謂いであって、足跡とはかかる具体的な歩みの印する単なる残骸に過ぎないことを知らなければならぬ。

今このような立場に立って、最も著しい誤謬と考えられることは、一つの問題が論議せられるとき、世上よく耳にする処の「そこに如何なる方法論があるか」という言葉である。この言葉は今日一般にも用いられており、特に新たな学問の領域を拓く場合によく発せられる言葉である。しかも人々はかく問うことを何ら怪しまないのみか、更にはかく問われる人々も、これに答え得ないことを以て、自信と希望とを喪失するが如くである。しかも世にこれほど笑うべき事はないであろう。けだしヘーゲルではないが、予め水泳法を習得してしかる後水中に入る者のないように、予め方法論と称する枠をこしらえて、しかる後学の創建を成就したもののあるを聞かないのである。げに体系の樹立は、思想家自身が切実なるその現実生活の自覚的摂取を通してのみ行われるのであって、真の方法とは、このような生命の、念々自反に即する如々流動の趣の自覚的把握の謂いに外ならない。しかるに方法を以って、予め何等か思想の枠のようなものを構築して、それさえ出来れば、その枠に当てはめることによって、体系の樹立が可能であるかに考えるは、まことに笑うべき迂愚の見といわねばならぬ。なるほど方向的に若干のめどを定めて、これを足場とすることは、有限なる人間における必然的制約として、所謂弁証法的論理の教える一真理であるが、しかもそのような事前におけるめどと足場とは、どこまでもめどであり足場であって、それは次の歩みにおいて直ちに撥無《はつむ》せられる処に、所謂弁証法の教える真理性がある。これ実に現実そのものの展開の一実相に外ならぬのである。

かくして真に具体的方法といわれるものは、決して事前において、その形式的完成を得ないのであって、常に自らの否定に即して現実を摂取し肯定してゆく生命の自覚的展開に成るのである。否そのような生命の自覚的展開そのものこそ、真に「方法」といわれるべきものであって、もしかかる生命の自覚的展開裡に観ぜられる理法の統一そのものを観ようとすれば、それは既に方法の立場を去って、体系観照の立場に移推したものというべきであろう。げに体系と方法とは、生命の一如の自覚的進行における動静・表裏の両面というべく方法にして体系を予想しない方法のないと共に、又体系にして方法を予想しない体系はないのである。即ち方法という時、それは具体的な思想の動的進行の工夫についていうのであり、体系という時、かかる生命の動的生産作用によって産み出される自覚の静的客観的側面をいうのである。このように方法と体系とは、いわば主客の両側面の相即的関係に成立するものであり、随って未だ何等の体系をも生むことのない事前において、ひとり方法のみが確立せられるというが如きことは、断じてあり得ない笑うべき虚妄の見といわざるを得ない。

かくして又方法と体系との関係は、これを単なる相即相応の関係というのみでは、未だ十分にその真意を伝えぬともいいうるのである。けだし方法と体系との相即相応は、単に静的な相即相応ではなくて、実に生命の無限に動的なる自覚的展開における主・客の両側面であるゆえ、方法と体系との相即相応は、厳密には常に相互の交互否定作用を契機として行われるというべきだからである。即ち真の方法にあっては、その立場における体系的投影として、自らの内容の展開に即して、主観は自らに還ってそこに一段の自己超克の趣が見られるが、同時にそのような自己超克による一段の飛躍は、必然にその内容の投影である体系の面目を、前段階のそれに比して一新するといわざるを得ない。即ち前段階における体系の否定を契機として、そこに新たなる体系面を現ずるのである。勿論かくいうは、方法と体系との本質的連関からいうことであって、現実の有限的制約下にあるわれわれ人間においては、体系の全面的転換は決して容易のことでなく、聰慧なる思想家にあっても、尚かつ前段階の体系を放擲《ほうてき》し去って、次の段階における切断面を切って落すには、少くとも数年ないし十年の日子《にっし》を要するを常とするようである。しかしながら如上の本質論は、それが本質論として、現実における全的現前を得ないと同時に、そは又本質論なるの故を以て、必ずや何程かの程度における現前を得つつある。さればこの意味においては、思想家の現前一念の自反も、これを本質的には、そこに当該思想家の体系転換の全機を蔵するともいうべきであろう。否既にその如是の一歩を現成しつつあるともいうべきであろう。

　このように考えて来れば、一般には最も形式的な普遍性において誤想せられつつある所謂方法なるものが、その実最も個性的に当該思想家に根差すことを知るのである。即ち世に所謂一般的なる方法の存することは絶対になく、現実具体の方法は、必ずやそれぞれの思想家の現実生活に根差して深く個性的なるべきである。体系としても所謂一人一体系として個性的人格性を有する限り、これを生む方法も亦「一人一方法」として、その個性的人格性を保有すべきである。かく考えて来るならば、われわれは今日わが国の学界における所謂弁証法的方法の盛行に対しても、わが国の学界が、いまだ真の自立に達していない何よりの証左を見せしめられるのである。一代の思想家ともいわれつつある人にして、尚かつ時代のこのような流行より超出するを得ないで、弁証法的立場でなければ哲学でないとするような現象は、後世の史家によって如何なる感を以って見られるであろうか。如上哲学的方法が、当該思想家の個性的人格に根差すべきは、例えばわが国現時の学界において、所謂一流を以って目されつつある人々の間にあっても、その所謂弁証法なるものについて、重大な異論を生じつつある一事の上にも窺うことが出来るであろう。卑見によればそれらの人々は、なるほど何れも弁証法の名を用いてはいるが、しかもその多くが弁証法の原型であるヘーゲルの弁証法とは異るものと思われる。しかも一歩を退いて考えれば、このように同じく弁証法と称しつつ、その如実においてはそれぞれ異るもののあるのは、実は方法の本義からして、まさに然かあるべきことというべきである。故にもし問題があるとすれば、未だ十分に方法の真義に開眼しない処から、徒らに弁証法の語に執する点にあると思われる。

如上吾人は方法の個性的人格性について一言したのであるが、しかも注意を要する点は、方法のもつこのような独自性も、如実にはその体系構成の個性的特質として現ずる外ないということである。けだし体系を顕とすれば、方法は背後にあってこれを生む根源として、まさに隠というべきだからである。かくして哲学的思索における方法の密意は、顕の立場からは永遠の密意ともいうべく、これをうかがい得るのは、只体系的展開を通してのみであることを忘れてはなるまい。同時にここに真の具体的方法としての工夫の密意は存すると思われる。即ち真の方法とは、いわば俳優の楽屋におけるそれの如くであって、決してこれをそのまま顕わにすべきではない。これを顕わにするには、常に舞台上における演技にも比すべき体系上においてでなければならぬ。かくして方法の真義は、あくまで、これを隠とし幽として、常に体系への展開を期すべきであるが、しかも立教姿心の立場にたつ東方古来の教学にあっては、却ってこの具体現実の密意を説いて、逆に自証界裡の風光としての体系的知見を以て密意として、常にこれを秘するを念としたのである。尤もここに秘するとは、所謂隠すの意は毛頭なく、只これが示現《じげん》に慎重の上にも慎重を期するというまでである。即ち対者の境涯の未だしきの故を以て、却って無礙《むげ》の真境の誤解せられることを恐れたのである。かくして吾人はここに東西両洋の思想における力点の相違をうかがい得ると共に、今後のわれわれとしては、如何にしてこれら両者の特質を、一個の統一的完態として具現すべきかについて、思いを新たならしめられるものがあるのである。

三　学問の本義

一

そもそも学問の方法論について真に根本的に考えるためには、われわれは何よりも先ず学の本義そのものについて明かにする処がなければならぬ。おもうに学問の方法とは、畢竟学問を学ぶ態度及びその如実なる歩みの謂いであろうが、しかも真に学を学ぶとは、畢竟自らに身証体認してこれが自証展開に到ると共に、更にはこれが光被にまで到るべきことを意味する。しからば真の学問の方法論の何よりも明かにすべきものは、本来の意味における学問の本義そのものでなければならぬ。かくして学の方法論の如何は、先ず思想家自身が学の本義を如何に考えるかに発すべく、随って学の方法論の相違の如きも、畢竟するに学の本義を如何に考えるかによって生ずるというべきであろう。旅路の用意と心得とは、その旅の性質によって異る。ゴビの砂漠の旅とヒマラヤ登攀《とうはん》の旅とでは、同じく旅といいつつ、その用意と心得とにおいて根本的な相違の存するように、学問の方法を考えるに当っても、学問そのものの本義を、如何に考えるべきかを明かにすることが、先ず第一に要請されるべき根本問題と思うのである。

さて学の本義に論及するに当って最初に一言すべきことは、ここに学又は学問という処のものは、通常学問の語によって意味せられる個別科学の意ではなくて、全一学としての哲学、即ち世界観と人生観との統一の学を意味するのである。随って以下学又は学問の名によって呼ばれるものは、畢竟この現実の天地人生に内在する理法の全的秩序の自証展開の謂いであって、決して個々の個別科学を意味するのではない。勿論ここにかくいうは、個別科学の価値を低下し、ないしはその方法論の意義を軽視しようとするでないことというまでもない。否吾人の見解によれば、一切の学は皆それぞれの立場において、それぞれ独自の意義と価値とを有すると共に、又その方法においても、それぞれ独自の意義と価値とを有するのであって、このことは、個別科学も亦それぞれ独自の立場に立って、自己に固有の領域を有することを意味するのである。随って又そこには自らの立場を支え、その領域を開拓するに応わしい独自の方法が存すべきである。けだし個別科学の領域とは、それぞれの対象とそれに応ずる独自の立場との相即に成ることを意味する。同時にそのような立場の自覚的展開こそ、そのまま当該学術の方法論と呼ばれるものである。もっとも以下学問の方法として論ずる処は、既述のように、かかる個別科学における個々の方法論ではなくて、実に語の本義における「学」としての全一学、即ち哲学の方法論の謂いに外ならない。

かく述べて来てわれわれは、飜ってかかる全一学が、われわれの人生に対して有する意義について、予《あらかじ》め一瞥する処がなければなるまい。そもそも個別科学にあっては、それが現実の人生に対して有する意義は、一応何人にも明かであるといえる。即ち歴史学は、国家民族の興亡盛衰の跡を歴観せしめて以て将来に対する鑑戒となり、或は地理学は、他人の相関関係に即して、地上における諸民族の生活の在的側面を示すが如き、更に動・植・鉱物等の学が、それぞれ客観自然界の秘奥を拓いて人生に寄与し、或は又物理化学等の学が、物界の理法の精微を示して、人生の物的現実的生活の側面に貢献する処の少なからざるが如き、何人も皆知る処である。かの天文学のような一見最も非実利的と思われる学問でさえ、或は暦法の準となり、或は航海術に寄与する等、われらの現実生活の根柢に深く相交わる処あるを知るべきである。

しからば今天地人生の全一的組織としての哲学の、人生に対する意義は果して如何なるものであろうか。おもうに全一学の人生に対する意義は、人をして宇宙的全体の裡における自己並びに万象の位置を自覚せしめる点にあるというべきであろう。けだし人間はもとより、いやしくも存在する限りの物にして、絶対的全体より洩れる一物とてもないが、しかもかかる全体裡における自己及び万物の位相を諦観するは、決して容易のわざではない。否、自覚可能存在としてのわれわれ人間以外の万物は、自己の位置に対する自覚の可能性を根本より許されてはいないのである。否、唯一の自覚可能存在としてのわれわれ人間には、全体裡における自己の真位置の諦認は、厳密には不可能とさえいうべきであろう。けだしわれわれ人間は、肉体そのものを離れえない限り、そこに不可避な時・空の制約の免るべからざるものがあり、同時にそこには、かかる肉体の時・空的制約と相即する諸もろの内的制約あるを免れぬがゆえである。まことに古来幾多の聖賢哲人の努力は、このような人間に内在的なる心意の諸制約に対して、その超克解脱の努力に外ならぬといい得るであろう。

そもそも人生において、人をしてその己私を超出解脱せしめて、その真諦を発現せしめる工夫の主なるものを数えるとき、そこに宗教・道徳・哲学及び芸術等が挙げられるであろう。そのうち芸術は感性に内在する自在性に触発せられて、人をして一瞬形式的自在の境に遊ばしめる点にその特色がある。これは確かに如実なる自在境への有力なる一誘因となるではあろうが、しかも芸術の与える自在性はいわゆる形式的自由であって、人間界裡、如是に現前する苦患に対して真に現実的自由を与えるものとは言い難い。これ芸術が形式的には、よく人生究竟の境涯を髣髴《ほうふつ》せしめつつ、しかも人をして現実の苦悩の重圧裡に、この一境を打開せしめえない所以である。今これに対すれば、宗教道徳哲学の如きは、それぞれその特質を異にしながら、これを芸術に対せしめれば、何れも何等かの意味において、人をして人生の現実的自在の境涯に達せしめようとするものということが出来る。今宗教道徳及び哲学において、それぞれその中核的本質を為すものを、仮りにそれぞれ帰依・行善及び自証とするとせば、之等《これら》の三者は、人をして人生の苦患の大海裡に、安立の自在を得しめる代表的な三方面といい得べく、いやしくも人生の波瀾多き境涯において、一個の自在境を得つつある人々は、多かれ少なかれ、必ずやこれら三者の中の何れかに即して、そこに到ったものといい得るであろう。

勿論吾人はいまこれら宗教道徳哲学の三部門の間において、いわゆる価値の優劣を言おうとする者ではなく、また実にかくの如きは、絶対的には言い得べきものとも思わない。唯吾人がここに一言しようとするのは、これら三者はともすれば世上一般に考えられるように、それぞれ孤立的なものではなくて、それぞれ互に融会滲透するものだという一事である。勿論われわれ人間の中には、帰依・行善及び自証という三者にそれぞれ適する類型があり、人は自己に固有の類型に随って、それぞれその本質の顕現に導かれると信ずるが、同時にこれ等の三者は、人間に普遍なる人生の三大方面というべきでもある。かくして更に一歩を進めていえば、これら三者の中、帰依と行善とは、人性を二大別する類型であると共に、自証はこれらと対してその三分の一に当ると言うよりも、むしろこれらの何れにも内在するともいえるであろう。古来宗教及び道徳によって、それぞれ自立の境涯に達した人の数は多いが、哲学において真に安立の境に達した者は甚だ少いというべきであろう。かく考えれば、哲学的自証は、勿論一面からは宗教及び道徳と鼎立《ていりつ》して、人間的自覚の三大部門の一つをなすともいい得るが、同時に他面哲学は自らを虚うして、あらゆる段階における帰依と行善の中に自らを内在せしめつつ、自証の光に照してその内容を明かならしめる点に寄与するともいえるであろう。特に吾人は東方古来の学が、現実の人生に対して有するその特質を、かの西欧哲理が現実の人生からの遊離隔在態にあるに対して、わが国今後の学問の有すべき一方面として、このような現実の人生への内在滲透的一面の重視すべきものあるを思うのである。

二

そもそも全一学としての哲学は、これを他の諸々の個別学に対せしめるとき、如何なる点において異るとすべきであろうか。吾人は全一学としての哲学は、一応これを、自証の体系的展開と見ることによって明かにし得るかに考えるものである。哲学が個別科学と異る第一の点は、個別科学にあってはその対象とする処が、全一としての宇宙の一部分であるに対して、全一学としての哲学にあっては、その対象は絶対的全体としての大宇宙そのものである。哲学が他の個別科学と異る所以を、普通には立場そのものに存する点を強調するの余り、ともすれば対象的側面における相違が閑却されがちであるが、飜って考えるに、このような立場の相違も、実は対象そのものの相違に基づく処あるを知らなければなるまい。けだし絶対的全体としての宇宙そのものは、もとよりわれわれ有限知にとって、その全的把握は許されない。ここにおいてか、われわれ有限知における絶対的全体の把握としての哲学的希求は、必然他の個別的諸科学におけるとは異る立場を打開して来なければならぬ。即ち哲学に特有な自覚の体系的展開の立場をとるでなければならぬ。

そもそも一般個別科学の立場といえども、既にそれが人知の一営為である限り、それは決して自覚を全欠するものとはいい難いのである。この事は例えば歴史学のように深奥な人間的自覚を要する学においてはもとよりであるが、単に自然界の事物の性情を知るに止まるとせられる動・植・鉱物等の諸学においても同様である。が、それにも拘らず学の本質論となる時、全一学としての哲学のみひとり自覚の学として、自余一切の個別科学と区別せられる所以は何ゆえであろうか。おもうに哲学知にあっては、その知の自覚性が本質的に自証知であるに対して、自余の諸学における知は、成程それ自体としては、いやしくもそれが知である限り、それぞれの段階における自覚性を宿す理ではあるが、しかも知の自覚性は、それ等の諸学にあっては必しも本質的とはいえない。例えば個別科学の中では最も自覚的ともいうべき歴史学の如きは、これを内容的側面より見れば、ある意味では哲学以上に自覚的ともいいえるにも拘らず、しかも自覚の本質的意義においては、哲学に対して一籌《いっちゅう》を輸するとせざるを得ない。けだし歴史の根本範疇たる時間そのものの根本反省に至っては、如何なる歴史学もそれが個別学に止まる限り、ついに根本的には問い得ない問題だからである。即ち歴史を歴史たらしめる根本範疇である時間の本質的論究に至っては、まさに哲学特有の問題であり、その具体的考察に至っては歴史哲学の中心問題をなすのである。

しかも注意を要するのは、かく言うは決して個別学に対する哲学の優位を独断しようとするでないことである。なるほど全一学としての哲学は、自余の諸科学に比して一面優位を示すことは確かである。その形式的側面における全一性が即ちこれである。が同時にこれは前述のように、学をその形式としての統一的観点より見たものであって、もし学をその内容的側面より観ずるならば、哲学は如何なる個別学よりも、その内容は貧寒とすべき一面がある。げに哲学は、理法の全的統一の体系的展開として、その統一はまさに六合に弥《わた》るべきであるが、一たび内容的側面より観るならば、哲学は全く事実的なる何物をも含まぬとも言えるのである。勿論厳密には、如何に純理の展開を期する哲学といえども、それがわれわれ人知の有限的営為の一つたるを免れぬ以上、現実の哲学説の展開は、それぞれの程度における理・事の相即的展開として、一面事実的素材を含まざるを得ないが、しかもそれらの所謂事実的なるものは、実は何等かの意味において、既に他の個別科学の内容より得られたものであり、随ってこれが事実的確証は、あくまでもそれ等諸科学の立場において初めて実証せられるべきであって、決して哲学によってその事実的確証が附与せられるわけではないのである。

　しかしながら哲学はそれが全一の学として、絶対的全体たるこの大宇宙に内含せられる理法の全的秩序の統一性を自証する一事に至っては、けだし哲学の独擅場《どくだんじょう》として、他の如何なる諸科学も断じてその追随を許されぬのである。同時にここに学問の領域においても、所謂「受け持ち」の真理としての「分」の理の全現するを見るのである。併しながら、われわれが哲学を以て宇宙的秩序の全的統一の学であるということは、その単なる慣行の惰性に捉われて、無意味にこれを鵜呑みにしてはならぬ。即ち哲学は全一の学として全体性の学と言われるが、しかもそれは如何なる意味においてよく全の学たり得るかについて、そこに厳密なる省察が怠られてはならぬのである。けだし普通に哲学は全体の学であるなどと言われるが、しかし哲学はそれが哲学として自己を限定するかぎり、既に自余の個別科学と区別せられるべきはもとより、更に飜っては、学問そのものが人間的営為の一つとして、文化の諸領域の中の一領域を成すに過ぎない。しからば哲学は、このようなもろもろの事情の間にあって、そもそも如何なる意味においてその全体性を主張し得るであろうか。この事は、いやしくも哲学的思索の一端にあずかるほどの者ならば、自らにおいて何程かの領解自証を有するでなければならぬ。げにこの問題の領解自証において、その人における思索の如実なる第一歩は始まるとも言うべきであろう。

そもそも哲学的自証は、それ自身われわれ人間の有限知の一営為であるにも拘らず、如何なる意味において絶対的全体にあずかると言い得るであろうか。全一学たる哲学の対象が、絶対的全体としての大宇宙たることは既に述べた処であり、更に又このような絶対的全体が、その外延的側面において、われわれ有限知の把握の対象たり得ないことも、既に述べた通りである。しからば対象としての絶対的全体性を、その外延的側面からの把握において断念したわれわれの有限知は、そこに如何なる一新活路を求むべきであろうか。これに対しては、人間的自覚の働きとしての自証の一事こそ、人がかかる絶対的全体の外延的把握に絶望した後、新たに発見した絶対的生命への唯一通路と言わざるを得まい。げにわれわれ人間の有限知は、絶対的全体を、その外延において把握するにおいては全く無力であって、この事はただに絶対的全体等というまでもなく、われわれが如実にその外延的側面を知悉《ちしつ》しているかの如くに思っている地球上の事はもとより、近くはわが住むこの国土の事すらわれわれは、そのすべての外延的事相を知悉しているわけではないのである。否恐らくはわが国土についても、われわれの知れる処は実にその幾千万分の一にもおよばぬであろう。

しかしながら今われわれは、たとえばわが国土と言う時、すでに一個の統一的全体としてこれを把握しているはもとより、地球という時も、如実にはその渺たる一部を知るに止まるにも拘らず、われわれは、何等かの意味におけるその全的統一性の観念を持つのである。しかるに今大宇宙という時われわれは、結局これを国土ないしは地球というような外延的統一に即して把握することは断念する外ないのであるが、それにも拘らずわれわれは、そこに一個の全一的なある物に承当せざるを得ないであろう。この全一的なるものは、もとより地球または国土のような外延的統一ではない。随って今外延的把握に依拠する立場からは、その存在は或は不確かとせられるかも知れぬが、一たび内包的自覚の立場に立つならば、絶対的全体としての大宇宙の全一性は、ある意味ではこの地球又は国土以上に昭々たるものともいい得るであろう。けだし絶対的全体としての大宇宙の全一性は、内包的統一の自証として、これが直証の一境に与ることが出来るが、地球又は国土の統一性というが如きは、その性質上単なる外延的統一以上には出られず、随って如上内包的統一の自証に対しては、間接的たるを免れないからである。否地球や国土の統一性というが如きも、その統一性の確証は、実は絶対的全体としての大宇宙のもつ全一性の直証としての絶対的自証に、その根拠を有して初めて可能というべきであろう。

かくして全一学としての哲学のあずかる全一性は実は自証の全一性であり、しかもかかる自証の全一性とは、宇宙的全体の統一性を内包するわれわれ自身の生命が、その自証において、自己に内在するこの宇宙的統一性を直証するの謂いに外ならぬのである。かくしてわれわれ人間の有限知が、その有限性にも拘らず、その形式的統一においては、よく宇宙的全体の統一性にあずかり得るのは、実は被造物の一員としてのわれわれ自身の内に、かかる宇宙的全体の統一性が内含せられており、そしてそれはわれわれの自覚において、換言すれば、自覚内容の照明としての自証において、明かにせられるをいうのである。かくしてわれわれ人間の有限知は、自己の外なるものとして、外延的に宇宙的全体を把握することは許されないが、この自己の有限性の自覚に即して、自らに本具内在の全一性として自覚するを得るのである。かくしてこのような全一性の自覚は、宗教における帰依はもとより、道徳的なる行善においても、その一端にあずかり得るといえるが、しかしそのような全一性の内容たる理法の全的秩序の照明に至っては、自覚の体系的自証としての哲学に特有な任務である。これ哲学が自証の体系的展開として全一学と呼ばれる所以である。

三

以上全一学としての哲学を以て、一応自覚内容の体系的なる自証展開であるとしたのであるが、しかもこれは、一応その顕われたるについて言うのであって、もしこの顕われた面にのみ執して、そこに隠れた側面のあることに気付かねば、未だ真に学の本義に眼覚めたものとはいい難いであろう。勿論かくいうも、哲学を以て自覚内容の体系的展開とすることに誤りがあるというのではないが、唯自覚はその真義においては、必ずや何等かの意味において、生・死の一関を透脱することによってのみ、初めて自得せられる境涯である。随ってこれは何人もこれに与かり得るとは言えず、更にはたとえ思弁的資質に恵まれた者といえども、必ずしもその資質のみで、これに与かり得るものではないのである。なるほど自覚内容を体系的に自証するには、ある程度の思弁的資質を要するは勿論であるが、しかも己私の超脱による自覚の一境に至っては、必しも単なる哲学者の専有物ではない。随って単にその資質の思弁的なることによって与かり得る処ではないのである。かくしてそこに必要とせられるものは、実に捨身帰投による生・死超関の一境に外ならぬのである。

上述のように哲学的自証は、いわばその素材として自覚を要する事はいうまでもないが、しかもその自覚たるや、如実には人生における切実なる体験としての生・死透脱の一境であり、随ってその素質において所謂哲学的思弁に長ずればとて、必しも何人もその境涯にあずかり得るものではないのである。かくして哲学的自証は、一面にはその人の思弁的資質に基づく体系的自証を要するはいうまでもないが、しかもそのためには、その素材としての如実なる自覚の境涯にあずかることが先ず予想されなければならぬ。しかもこのような自証の基礎たり素材たるべき自覚は、その如実性を、自証の知的体系性に対せしめれば、まさに信・行ともいうを得べく、随って真の全一学たる哲学は、常にかくの如き信・行と自証との相即的連関裡に展開せられるものと言わざるを得ない。即ち真の哲学は、如実なる行・証の相即裡に展開せられるわけである。この事は道理としては何人にも直ちに自明な事柄であるが、しかも現実においては、自証は言葉更には文字を介して展開せられるものとして、常に顕わなるに対して、信行は内面一心の問題として常に隠されたるものであり、随って学というとき、人はともすればその客体的側面としての体系的展開面に囚われて、かかる自証的展開の基礎たる主体的側面をともすれば看過しがちである。

今眼を挙げて東西両洋の思想を大観するならば、われわれは西欧の思想が一般に体系の自証展開に重きを置くに対して、われわれ東方の学は、古来自得としてその主体的側面を重視して来たことを知るのである。勿論われわれは西欧においてもプラトンの対話篇、特にその初期におけるソクラテス的対話篇と呼ばれるものに、体認の工夫の切実なるを見、更に又近世においてもスピノザの「倫理学」における第三篇第四篇の如きは、われわれ人間の情念界の最も深刻なる内観的分析の記録として、まことに稀有の文献と信ずる者であるが、しかも全体として観ずる時、西欧哲学の有する特質は、依然としてその体系性にあるといわざるを得ない。勿論ここに体系的ということを以て、単なる対象模写の形式的態度と誤り考えてはならぬ。なるほどかの悟性的組織は、或は単なる対象模写の立場において得られるでもあろうが、真の全一的体系は、その全一性の故に、必然に自反に徹する自証に俟たなければならぬ。さればわれわれ東方人は、それが自己に長じないからとてかれの体系性を、単なる概念の死せる形骸と誤り考えてこれを却けるが如きことがあってはならぬ。けだし自覚内容の確証は、必然内に内含する理法の組織を、自証の光に照らして証明するの外ないからである。即ち体系的自証は、自得の内容を確認するためには、まさに当然必至の業といわなければならぬのである。が同時に又われわれは、このような体系的自証を以て、単なる悟性的思弁の業と心得てはならぬ。勿論厳密には真の自証体系の展開は、悟性を素材として、その十分なる駆使を予想しなければならぬが、しかもそれはあくまで自覚的理性による駆使であって、単なる悟性の段階に止まるものであってはならぬ。そしてそのような悟性駆使の根本動力としての自覚知は、如実なる人生における体験であり、それは究竟的には念々生死転換の歩みというべきであろう。今これを東方古来の語に求めれば、かの存養・省察がこれに当る。われわれ東方の学は、古来自得内容の客体的投影としての体系的展開よりも、自得そのものの体認深化を重視していること改めていうまでもない。なるほど朱子は居敬《きょけい》・窮理《きゅうり》をいって、一語よく真学生成の真諦を道破しているともいえるが、しかもこれは、主体的側面の内観を力説する王陽明との対比において言いうることであって、今もし西欧哲学思想との対比においてこれを見れば、如何に窮理を力説する朱子の学といえども、これを全体として見るとき、主体の自省を重視する東方教学の立場を離れるものではない。否この点からは、最も理論的体系的と見られる唯識論等の仏教教学といえども、畢竟又同前というべきであろう。

今このように見るならば、主体の自省的側面の重視は、われわれ東方人にとっては、自らに伝統する東方古来の教学への自覚的復帰というべきである。真学の生成は前述のように行・証の相即に成るのであるが、人はともすればその顕われたる面に執して隠れたるを見ない。しかも顕われたるものは、常に隠れたものにその根拠を有するのである。人はよく「巍然《ぎぜん》たる体系」等というが、しかし如何に巨大なる体系的展開といえども、思想家その人にとっては、これを如実には、一念裡に溶融せられる「信」の一事に外ならぬであろう。げにこれを放てば六合に弥《わた》るも、退けば密に退蔵されてこそ真に生ける体系というべきである。しかるに人ともすればこの真趣に参じ得ないで、体系の展開を以て、あたかも煉瓦工が一つ一つ煉瓦を積みゆくが如きものと考える。勿論如何なる叡知の哲人といえども、その著述の如実の過程は、畢竟じて一字一字を書きゆくの外なく、その点からは体系の展開は又かの一つ一つ煉瓦を積みゆく煉瓦工にも比せらるべき一面あることも否み難いであろう。

しかしながら同時に他の一面、体系的展開の如実なる趣は、まさに投網を投げるような一面のあることも亦看過すべきではあるまい。即ち体系そのものは本質的には、よしそれが如何に巨大なる体系にもせよ、本来超時・空的一境に属するというべきである。けだし全一学たる哲学の真の原型は、畢竟全一としてのこの大宇宙の外なく、そしてこの大宇宙の内包する理法の秩序は、超時・空的なるをその本来とするがゆえである。唯これが如実なる把握は、われわれ有限存在にあっては、決して一瞬たることを得ず、いわんやこれが記述展開に至っては、如何なる叡知の哲人といえども、畢竟一字一字を書きゆく外ないのである。しかもわれわれはそのゆえを以て、体系そのものの本質の超時・空的なる一面を忘れてはならぬ。かくして体系そのものの根源であると共に、さらにこれが展開の根本動力たる超時・空的一境こそ、或は存養或は居敬として、その現実生活裡に念々これが把握確証を力むべきである。今日わが国の学問界は、われに異質的なる西欧文化の移入に忙わしく、ともすればその巨然たるに瞠目してこれが模写綴拾に没頭し、ために翻身一転、われに伝統的なるこの居敬・存養というが如き主体の自省こそ、体系的自証の根源をなすべきことを閑却しつつあるが如くである。真学の生成は屢説のように行・証の相即的展開にあるが、今日われらの現実にあっては、むしろ証の外面的映像を一応かなぐり捨てて、東方古来の行・信の一道に自己を投入する処に、初めて自証の真の体系的展開を期し得るのではあるまいか。

四

如上全一学としての真の哲学は、一応自覚内容の体系的なる自証展開として、これを約しては行・証の相即に成るともいうべきであろう。しかも更に一歩を進めて考える時、われわれは真の学問を、単に自覚の体系的自証というを以て、果して真に足れりとするを得るであろうか。即ちそこには、そのように自証せられた自覚内容は、更に一歩を進めて、この現実の地上にその実現が、期せらるべきだとの立場が要とせられなければならぬ。もとより全一学も、狭義におけるその形式性に即して、単なる学の一分科としての狭義の哲学の意に解すれば、それは自覚の単なる理的展開として、必しも現実界裡におけるその実現までも含意するに及ばぬとの見も立つであろう。しかしながら真の哲学が、全一の学として天地人生の実相を照破するものである限り、そこに顕彰せられる現実の理法は、単なる概念の映像たるに止まらないで、更に現実界裡にその実現が期せられなくてはならぬ。これまさに真学に必然なる論理的帰結というべきであろう。

このように考えてきた時吾人には、かの儒教における「大学」の真義が、再び新たなる光の裡に浮び上がるを覚えるのである。西欧哲学のもつ論理の部分的精緻に眩惑せられつつあるわが国現時の人々は、真の学問の一面、しかもその重要な一面として、経綸の面の存することを閑却しているが如くである。しかしながら、学の現実的一面が自覚の実現として経綸の学となることは、論理の精緻に没頭している西欧の思想家の間においても、必ずしも稀有な現象ではない。現にプラトン哲学の中心が、その「理想国篇」に存することは今更いうまでもないが、ギリシャにおいて最も理論的な思想家といわれるアリストテレスにも、現に「政治論」の著があり、又中世において最も超現実的な色調の強いアウグスティヌスの「神国論」の如きも、或る意味では地上の国家の根柢を明かにしたものともいえるであろう。更に近世に至っても、超絶、瞑想の哲人といわれるスピノザに「国家論」のあるのは周知のことであり、さらにヘーゲルの「法の哲学」に至っては、ある意味では、この種のものの集大成と見ることも出来るであろう。

かくの如く見て来れば、西欧哲学といえども自覚の実現としての経綸の側面は、必しもこれを看過しているのではないが、しかも全体として見るとき、ともすればこれを閑却するかの如き感を与えるのは、何ゆえであろうか。他なし、その力を専ら自覚の理論的自証に注ぎ、随ってたとえ所論を経綸の世界にまで展開したとしても、その理論的分析的特質からして、ともすれば自覚の実現としての現実の経綸への意欲を消磨せしめる恐れがあるからである。たとえばかのヘーゲルの「法の哲学」の如きは、いうまでもなく「精神現象学」「論理学」及び「歴史哲学」等の大著を予想するわけであるが、しかも「法の哲学」一巻の裡には、直接これらの諸著との具体的連関はうかがい難く、又これが経綸の大策としての動的展開性の趣においても欠ける処なしとしない。しかるに今東方儒教の学においては、かの「大学」はなるほどその表現は易簡直截であって、ある意味では素朴とさえいえるが、それでいて経綸の大本を明示する点では、学の本義を示すにおいて、最も完備せることを今更の如くに思わしめられるのである。即ちその明明徳・親民・止至善の三綱領は、最も易簡なる形態において、自覚とその実現との描く自証の円環を端的明白に示すものというべきであろう。即ちそこには、真の正学は単に個人の主観的自得のみに止まらずして、必ずやこれが客観的実現としての経綸の大策にまで展開せられるべきことを教えつつ、しかもかかる経綸の大策も、畢竟又自得の境を離れえないことを示している。かくして致知・格物以下修身・斉家・治国・平天下に至る所謂八条目なるものの示す円環は、如上三綱目の描く自覚の円環の自証的展開に外ならない。

このように考えて来る時、われわれは真の全一学の本義は、これをその具体性より観ずれば、畢竟東方古来の修己・治人の一事に窮極するを知るのである。即ち吾人は前節において真学の要を行・証の相即に約して考えたが、行・証の相即は、これをその動的具現の立場に展開すれば、畢竟するに修己治人の業に他ならぬのである。即ち真の学問は、これをその自証の平面に即して考えれば、信としての自得の内面と、これが自証としての体系的展開との相即と考えうるであろう。しかもこれ畢竟するに狭義の学に過ぎぬのであって、人生の真の正学は、かかる観念的自証を地盤とし足場としつつ、更にこれが立体的具現を、この現実の地上に試みるでなければならぬ。即ち修己・治人としての経綸の大業とならねばならぬのである。しかも学問の本義をかく修己・治人としての経綸の大業にまで究極せしめることは、ひとり儒教のみのことではなく、すべて古今の正学は、畢竟皆それぞれの程度と角度において、かかる究竟的世界を目指さないものはない。例えば最も超現実的と見られる仏教においても、かの大小乗の別は種々にいい得るであろうが、畢竟じて小乗とは単なる修己に執して、未だ治人としての化他の大業にまで展開するに至らないものの謂いであるべく、随って真の大乗とは、修己に対立する単なる化他の行ではなくて、まさに化他の大行を自覚的に包摂する修己の真行でなければならぬ。随って又浄土系の思想において重視せられる往・還二相の思想の如きも、なるほど一応の過程としては往相の後の還相であろうが、一たび真の還相に達すれば往還の二相は相即であって、そこには何ら時間的先後のいうべきものはなく、随って又娑婆即寂光浄土となるわけで、特にわが国に入っては仏法・王法の相即にまで達していることは深き注意を要する。同時に本来超現実的な仏教が、わが国においてこの境に至ったのは、仏教の最初の偉大な摂取者たる聖徳太子が、摂政として国家の現実的経綸の重責に坐したことも、亦その重大な一因たることを忘れてはなるまい。

如上真の学問の本義と、その実現としての国家的経綸は、これを約しては修己・治人に存すること明かであるが、しかも注意を要するは、この修己・治人は本質的には決して修己而後治人ではないということである。即ち修己・治人は、修己而後治人の二本ではなくて、まさに修己即治人として相即一本であるべきである。勿論これは本質上からいうことであって、この地上の現実的制約裡にあっては、本質の実現も、それが実現である限り、ついに時・空的制約を免れ得るものではなく、随って修己・治人も、その本質からは修己即治人でありつつ、その実現においては、修己而後治人の一面あること勿論である。しかしながらその内面においては、真の修己・治人は修己即治人として、常に自覚の円環性を立体的に具現すべき本義を忘れてはならぬ。この点は仏教においても、心なき者は、大小乗の別を、単に修己の域に止るものを小乗とし、大乗とは化他の業に没頭するもののように考えるが、しかし真の大乗仏教は、既にも述べたように、修己・化他の両面が自覚の円環的展開として、その無限性にあずかる処に初めて開かれる世界というべきであろう。もしそれ大乗を以て、修己を忘れた徒らなる化他の業と考えるとしたら、それは所謂修己に止まる小乗教に比して劣ること千万里というべきであろう。

かくして真の全一学としての哲学、即ち又わが国当来の真の学問は、一応その顕われた狭義の形式性からは、自覚の体系的自証といい得るとしても、その体系的自証は、その背後を経綸の大業によって支えられると共に、又自らの裡に経綸としての国家的実現への意力を内包するものでなくてはならぬ。即ちその形態の上からは、学問としてもとより自証の体系的展開という一面あるを免れないが、しかし単にそれのみに留まらず、裡に地上的建立としての経綸的実現への意図を内包するものでなければならぬ。ゆえに又真の哲人は所謂永遠の真理というて、単なる抽象的絶対境の懈慢界に遊ぶ者ではなくて、常に現実の地上的実現としての経綸の大策を内蔵する者でなくてはなるまい。勿論これは本質論の上からいう理想であって、これを現実には、思索に専念する哲人と、経綸の大業に参ずる為政の大才とは、人を別にし業を異にする処あるは、けだし免れ難い地上的制約というべきであろう。しかもこれ現実の制約の拡大的表現であって、二者互に相即相補すべきが本来であること改めていうを要しない。特にわれらの民族としては異質的な西欧文化の摂取に忙殺されつつある今日にあっては、一国統治の重責に参じつつある一世の為政者も、経綸の根極たる全一学に対する教養を欠きやすく、同時に又思索の業に従事しつつある人々の業績も、その内容並びに形式において、かかる現実の重責にある人々の心を照破するまでに到っておらぬ。けだしその思索と称するものが、単なる文字の皮相に拘わり、特に西欧思想家のそれに拘って、その明徹の心光が世界を背景とする自国の現状を照徹するに到らないからに外ならない。かくして水戸学に所謂「学問事業その効を殊にせず」とは、今日学問に従事しつつある者はもとより、更には為政の局にあたる人々にとっても、改めて深省せられるべき意義を有するであろう。かくいえば、わが国現時の業界人たちは、まるで白昼夢を説くかに考えるでもあろうが、現に隣邦アメリカでは、昨日まで大学に教授だった人にして、今日は大使として他国に派遣せられて、現実の重責につく供の少なからぬことを深省すべきであろう。

五

如上真の学問の本義は、自覚の体系的自証とその実現、即ちこれを約しては修己に即する治人の業として、経綸の大策をも包摂するに至るべき旨を述べたのであるが、われわれは更に緇って、かくの如き自証そのものの根柢に返照するところがなくてはなるまい。そもそも吾人は上来しばしば自証の語を用いつつ、未だこの語の有する真義を十分に考察するに到ってはいないがもっともこの語の真の体系的考察に至っては、それ自身すでに哲学的思索の中核をなすものというべく、今は学の方法論として、かかる哲学的自証の生まれる現実的母胎、並びにその展開の動的過程の考察に自らを限局すべき限り、かくの如き自証そのものの考察の全的展開は期し難いが、しかも如上哲学的自証の実現的考察は、必然そこに何等かの程度において、このような自証の現実母胎に返照する処がなければなるまい。けだし自証は現実には必然にその根柢を有して初めて可能であり、同時にかくの如き自証の根柢は、一たび実現の立場に立てば、一転して自証の実現の究極目標となるのである。即ち本質上その根拠となるものは、一たび実現の立場にたてば、それは一転して実現の究極目標となるべきことは、まさに実在の論理の必然というべきである。

しからば自証の根柢とは、そもそも如何なるものを意味するであろうか。それについてまずわれわれの反省すべきは、われわれは日常容易に自証の語を用いがちであるが、しかしわれわれは自己を超える外物を、果して単に自己の力によって証し得るであろうか。否、自証の自証たる所以は、単にわれわれを囲繞する外物を包摂するに止まらず、この天地人生に内包せられている実理の全的秩序すら、その自照光裡に確証しうるとするのである。しからばかくの如き事はそもそも如何にして可能であろうか。ここにはこれに対して、綿密周到なる認識論的反省の道程を細叙することは出来ぬが、思うにこの事は、われわれの自証界裡に照射して来る光心は、一面現実の自に即しつつ、他面、自を超絶するのみならず、更には一切の万象をも超えて造化の真源と交わるものでなければなるまい。でなければわれわれは、自証において外《ほか》万象と、それに内在する理法の全的統一を、自らに確証することは出来ないからである。即ちわれわれ人間において、万象の理法の自確認証が可能であるのは、われわれの主観はその奥底において、一切の万象を超える造化の真源と交わるものであり、われわれが以て自証とする処のものは、実はかかる造化の本源光の光被の裡に、自己を確立するの謂いに外ならぬからである。

しかしながら自証の根柢を、このように主観の奥底に自を超出して、万象造化の真源と交わる絶対的心光とのみ観ずるは、なるほど自証の内面的消息の一面に直接するには相違ないが、しかしこれのみでは、未だ人間的自覚の真を尽すものとは言い難いであろう。けだし人間的自覚は、これをその具体的現実としては、単に個人的自覚の徹底に終始するのでなく、このような個人的自覚も、現実にはついに民族的生命の生成の裡に初めて可能となるのである。否先きに自証の根柢として述べた万象造化の真源に交わる絶対的心光というが如きも、このように抽象的に把握するだけでは、厳密には、既に第二義に堕するともいうべく、そこには必ずや、それに先き立つ現実的母胎として民族的生命に本具の理念が内在すべきはずである。かくして既述の万象を超える造化の真源としての絶対的心光も、如実にはかかる民族的生命に内在的な理念と相即して、はじめてその抽象態を脱するともいえるであろう。即ち絶対の最具体的現実的なる把握は、常に何等か具体的なものをその支柱とすべく、そのようなイデーの最具体的なものは、当該個人の所属する民族的生命の根柢に内在するというべきであろう。かくして自証の根柢には、当該個人の属する民族的生命がはたらくといってよく、即ち人はそれとの連関の自覚によって初めて真に自己を知り、同時にそこに天地人生の真趣にも与かり得るのである。

かくして自証の根柢は、超越的には如上万象を超出する造化の真源たる絶対的心光ともいえるであろうが、しかもそれは現実には、その個人の属する民族的生命を通じて照射すること上述の如くである。しかしながら更に一歩を具体的現実の方向に進める時、そのような民族的生命に内在するイデーは、当該民族の始源とその淵源を等しくするというべく、否、本質的には、さらに無窮にそれに先き立つ絶対性をもつと言うべきであろう。只現実においては、そのような絶対的心光も、それを支える現実的基盤としては、個々の具体的な人間を要とするのであり、しかもそのような個々の具体的人間は、現実にはそれぞれの民族に属する一員として、この地上的「生」が与えられているのである。かくしてわれわれ人間の主体的な内望自省の極源は、前述のように、大宇宙の奥底に通じてその真源に介するとはいえ、これを現実的に支えるものとしては、あくまでこの「肉」において成立する具体的現実的な個々人の他ないのである。こうしてわれわれ有限存在とあっては、絶対的心光といえども民族的生命を透して照射するとすべき一面あるを免れないのであって、ここに真の学問的理念が、つねに抽象的絶対と民族の具体性相対性との会点に成立するゆえんがあるわけであり、これを端的にはついに自得と経綸との無限交錯において成立するという他ないであろう。

四　学問における体系の意義

一

上来述べて来たように、学問の本義は自覚内容の体系的自証のみに止まらず、所謂修己・治人の業として、自らの存養・省察に始まり国家経綸の上にまでも及ぶがその本来というべきであろう。しかしながら飜って又狭義における学問の特質を考えれば、われわれは何よりも先ずその体系性を挙げなければならぬであろう。けだし広義における学問は、ひとり行・証の相即であるのみならず、更には「証」そのものの内容の現実的実現の意図をも内包すべきであるが、しかもそのような自証の現実的実現の意志も、これ自証の内容を予想する限り、自証の内容である万有の秩序の映現として体系性を離れてはあり得ないからである。かくして学問の本義を、単に自証の体系的展開とのみ限ることの誤りなことは言うまでもないが、同時に学問、特に全一学としての哲学の特質が、その体系性、詳しくは自証の内容の体系性に存することも亦疑うべからざる事実といわなければならぬ。随って、もし実現を重視するの余り、学における体系性の意義を閑却するが如きことがあるとすれば、それは畢竟学の否定となり、そして学の否定はやがて又行為そのものの否定となる外ないであろう。

上述のように学問、特に全一学としての哲学の特質が、その体系性に存することは明かであるが、しかし一歩を進める時、そのような学問の体系性とは、そもそも如何なる意義を有するであろうか。哲学が体系において成立し、体系を外にして哲学の成り得ないことは、いやしくも哲学を学ぶほどの者なら一応は何人も知る処であるが、しかし学における体系性のこのような重視は、そもそも如何なる意味を有するであろうか。換言すれば所謂体系性なるものは、果して如何なる意味において哲学の基本的特質を為すといい得るであろうか。かく問うことによってわれわれは、一つの新たなる視角より哲学の本質的一面を照明し得ると思うのである。けだし哲学における体系性の意義を問うことは、哲学の本質をその形式的側面より明かならしめることに外ならぬからである。同時に又哲学における体系性の吟味は、哲学が自余の個別科学と如何なる意味において異なるかを明かにすることともいえる。けだし哲学は、広義の学問たる点においては、自余一切の個別科学と並んで学問の一部門を形成するのであるが、しかもその組織の有する体系性は、後にも述べるように、自余の個別科学とは全く本質的に異るからである。かくして哲学における体系性の意義を明かにすることは、哲学のもつ全一性が、宗教・道徳・芸術等におけるそれと、如何に異るかを示すのみならず、所謂学問一般の中において有する哲学の位相をも明かにすることと思われる。

しからば哲学は如何なる意味において、体系性をその基本的特質とするのであろうか。思うにそれは、哲学が学として理法の組織であると共に、自余の個別科学が実在の部分的統一であるのと異って、全一学たる点に基づくものであろう。けだし全一学としての哲学は、その統一性のゆえを以て、必然に理法の全一的組織、即ちその体系的統一を求めることをその本質とすべきだからである。即ち哲学は、その学たる点からは、この現実の天地人生の把握にあたって、概念に即する理法の組織を以てするにおいては、自余の個別科学と共通するものがある。この点で哲学は、宗教・道徳・芸術等とは、その現実把握の立場並びに表現の様式を異にするというべきである。が同時に又哲学は、その理法の体系的把握において、自余の個別科学のように、対象の部分的分析作用に止まるを得ないで、常に自覚に即する全的統一作用によるのである。即ち之を一言して、理法の全一的体系たることを要とする。かくして哲学は、その全一性にあずかるにおいては、宗教・道徳・芸術等とそれぞれ通ずる処があり、その意味からは、よし形式的ではあるにしても、とにかく天地人生の全一性に与かるといえるが、しかも哲学は、それが理法の全的統一たる体系性をその特質とする点において、それら宗教・道徳・芸術とは、その本質を異にする一特質を有するのである。

しかしながら今はそれらの領域との比較対照的考察に立入っている暇はなく、一路直ちに哲学の特質たる体系性の吟味に入らねばならぬが、そもそも体系性というものは、哲学において如何なる意義を有するであろうか。思うに哲学における体系性は、哲学が学として理法の組織をその特質とする点、並びに哲学が全一学として天地人生の全一的把握を念とする点から必然に招来せられるものといわなければならぬ。けだし学問はこの現実界裡に内在具現しつつある実理の組織的把握を念とするものというべく、随ってその表現様式である理法の体系的表現は、概念を素材とする論理的表現によらなければならぬのである。しかも哲学は周知のように自余の個別学とは異り、現実界に内在する一切理法の全的統一を念とする。この点、個別科学がそれぞれの立場から、限定せられた、特殊の領域に内在する理法の顕彰を求めるのとは、根本的にその立場を異にする。即ち哲学の求める理法の組織は、何ら領域的限定を有するものではないのである。勿論哲学の中にも、歴史哲学、法哲学、芸術哲学等々諸々の特殊哲学があり、それらは一見、領域的限定を有するようであるが、しかもそのように考えるのは、単に外形皮相の見であって、いやしくもそれが哲学である以上、外形的には如何に特殊の限定的領域を対象とすればとて、それは常に天地人生の全一的秩序を背景として、その上に観ぜられるでなければならぬ。即ちそれは主体の自覚としての「立場」としては、個別学の立場である悟性的立場を超えて、自覚の全一的立場に立つとしなければならぬ。かくてこそこれらの特殊哲学は、素材的には特殊の領域的限定をもちつつ、よく特殊哲学として哲学そのものたり得るのである。

世にはその難解のゆえを以て、哲学における概念性並びにその体系性を難ずる人がある。これは哲学を専門としない一般の人々としては一応無理からぬことであり、特に邦人のように体系的思索に長じない民族にあっては、もっともというべきである。随ってこの点に関しては、哲学を専門とする者も、これを単なる門外漢の素人評等と看過せず、その非難の由って来たる所以に深省して、単に専門家相互間のみに通ずる自内証の純理的展開の外、別にかかる専門的展開の骨骼を内に秘めた化他的啓発的表現をも期すべきであろう。哲学を修める人々の間に、ともすればありがちな一つの悪風は、哲学の専門家でない人々を一般に素人と呼んでこれを軽んずることである。このように自己の専門外の人を凡て素人と呼ぼうとすれば、哲学以外のすべての立場からは、哲学者も亦、純然たる一素人に過ぎないことを知らなければならぬ。かくしてわれわれは、偉大なる素人である、他の専門的領域における第一流者の批評の方が、自己の専門内の二流以下の人々のそれよりも、遙かに大観的でありかつ中枢を衝くことの多きを深省しなければならぬ。もっとも哲学を専門とする者としては、如何に化他的啓発の婆心を有するとしても、その根柢に自証の直接的展開である純性の体系表現を軽んじてならぬことはいうまでもあるまい。もしこれを軽んじて、これを怠るが如きことがあっては、真に全一学たる哲学を修める者とはいい難いからである。

さて世上哲学の難解に対する非難は多いが、帰するところ、畢竟するに哲学的表現の概念性、さらにはその体系性に帰するであろう。しかもこのような哲学的表現のもつ概念的体系性こそ、実はその全一性より来る必然的帰結といわなければならぬ。けだし今もし万象をそのまま如是の事相において表現するとしたらば、そこにはまさに宇宙大の書籍を要するといえるであろう。ここにおいてか、われわれ有限存在における全一性の把握は、必然に事物の外的形姿を捨ててその内面本質を、しかも他との聯関において理法の組織として把握する外ないのである。この事は既にその対象的領域が、特殊的限定下にある個別科学においてすら尚かつ免れえない制約であって、例えば植物学上松といえばすべての松を意味し、動物学で馬といえば、あらゆる馬を意味するが如くである。しかも個別科学としてのこれらの学においては、同時に松の中にも赤松・黒松・五葉松等々の種類があり、又馬の中にも、日本馬・アラビヤ馬、驢馬等を分って、それぞれに通ずる一般的特質に論及することが出来るが、今宇宙の全一性を、体系に即して把握しようとする哲学にあっては、特殊の場合を除く外、一々かかる事相の細部にまで立ち入ることは許されない。これ哲学的表現が、概念的体系を以てせざるを得ない所以であって、概念は最も簡小なる文字の中に、最も広汎なる事相を簡約し含蓄し得るがゆえである。かくして現実の本質的把握が、概念を素材とする理法の体系的表現に帰する外ないのは、全一的統一を求める哲学そのものの立場より来る必然的帰結である。かくして哲学を専門とする者の立場からは、一たび自らの自内証の体系的展開を了えたならば、次にはその易解なる啓発的展開を期すべきであろうが、同時に哲学専攻以外の人々としては、如上哲学の本質よりして、その概念的体系性の表現を以て、必ずしも難解として難じないようにと希求せざるを得ない。けだし概念的な体系性を否定するということは、哲学そのものに対する根本否定を意味するがゆえである。されば又概念的体系性は、哲学にとってはまさにその宿命的本質ともいうべきであろう。

二

如上全一学としての哲学にあっては、体系性がその不可避の本質的特質を為すべきことを述べたのであるが、しかしわれわれは全一学としての哲学における体系の意義を明かにせんが為めには、更に歩みを進めて、体系性そのものの本質について考えなければなるまい。それについて先ず最初に問題となるのは、組織と体系との本質的相違の問題であろう。恐らくこの点を明かにすることに、体系性の本質的吟味の第一歩は始まるであろう。けだしここに組織とは、諸々の個別等において、悟性知によって把握せられる理法の秩序を意味するのであり、これに反して体系とは、自覚知としての真の理性が自らを自証することによって、必然そこに明かならしめられる理法の秩序の具体的把握を意味するのである。かくしてこれら組織と体系との二者の異同を明かにすることは、同じく学問と呼ばれつつも、或る意味では根本的その性格を異にする個別学と哲学との相違を明かにすると共に、更にそれに即して哲学に特有な体系性の本質に向って一歩を進める所以となるのである。

そもそも知性の段階を分って直観悟性及理性の三者に分つことは、普通に行われる処であるが、このうち直観については、勿論如実には、人によりその意味するものの色調は異るであろうが、しかしそこに根本的な見解の相違があるとは思われない。即ち直観は、感覚及び知覚の綜合として、普通の意味における如実の経験を意味するに外ならない。もし直観を以て、事物の実相に透徹する洞観の明知を意味するとしたら、それは自覚知としての理性を、理性という語の示すような理法の面から捉えないで、その深き直証の明知に即して呼ぶものに外ならぬ。即ちそれは所謂知的直観と呼ばれるものの謂いであって、その実質はまさに自覚の明証に外ならぬのである。

しかるに今悟性と理性との二者に到っては、人によってその用法が一定せず、随ってその意味する処必ずしも明確とはいい難いのである。これについて先ず最初に注意すべきは、悟性と理性との混淆的使用である。もっともここに混淆というは、実は理性の語を悟性の意義に用いることであり、随ってその意味からは理性の語の誤用又は悪用というべきであろう。勿論現実の事象は、その生起するには必ずそれだけの因由あって生ずるのであり、全く無原因に生起する一物もないというのが現実界の実相である。かくして今理性の語が、ともすれば悟性の義に誤用される傾きのあるのは、元来理性の語が、その行使の慣行において、悟性と同意義に混用せられた永き歴史を有するが故である。否、悟性と理性の語義を厳密に区別したのは、西欧においてもカントに始まるともいえるであろうが、しかもカントにあっては、悟性と区別された狭義の理性は、周知のように未だその十全なる現実的妥当性を与えられては居らぬ。かく考えて来れば、悟性と理性の語を始めて積極的に明かにしたものは、恐らくはヘーゲルを以て嚆矢《こうし》というべきであろう。確かにヘーゲルこそは、この意味において如上知性の三段階の区別を、自覚的に明かにした最初の人というべきであろう。勿論彼の出現以前といえども、現実における知性の作用に、如上三種の段階の認められる、否以上人間の知性の作用は、これをその段階に即しては、厳密にはまさに無量種無量段階ともいうべきであろうが、ここには一応の別として、如上の三段階の考察に止どめるのである――ヘーゲル以前の人々においても、これら実存する知性の三段階を認めなかった訳ではなく、現に理性の作用は前述のように、多くは「叡知的直観」の名称において用いられているのである。かくしてヘーゲルに至ってこれをその理的側面に即して理性と呼ぶに至ったのは、知性の段階的考察としては、確かに一歩を進めたものというべきであろう。

しかしながら、世上なべての事と等しく、長所は同時に又短所であって、ヘーゲルの意図する理性が、同時に現実には精神としての自覚であることは、人はともすればこれを看過しがちである。即ち彼における理性は、一面宇宙的実体であると同時に、その現実的把握としては、人間の自覚知としての彼の所謂精神であって、決して仏教に所謂差別知・分別知なるものではない。仏教においては、早くより分別知・無分別知の名称をもって、悟性知と理性知との本質的区別を認めており、同時に分別知または差別知の名称は、その悟性知適したの実を示すに適した名称ではあるが、無分別知に至っては、必しも積極的にその内容を示す名称とはいい難い。かくして知性の段階上、悟性知と理性知との別は、これを内容的側面よりいえば、人間的知性に即する迷・悟の別を分つ最根本的な区別でありながら、しかもその区別は一般には必ずしも十分明かにされているとはいい難いようである。ゆえに以下これら両者の別に対して一瞥を試み、以て理性知に依拠する哲学の体系性の特質を窺うよすがにしたいと思う。勿論知性の段階論は、それのみでも既に哲学上最も重要な一側面を形成すると思われるが、それだけに今は立入ってその委曲をつくすを得ず、わずかにその片鱗的瞥見に留めるのである。

さて悟性知と理性知との別であるが、これを一言にすれば、前者は知がその対象的側面のみを照らすに対して、後者は対象を照らすと共に、更にそのように他を照らす処の自そのものをも照らすのである。否厳密には、各々自の真を照らす光によって、初めてよく他の真をも照破する処の真の自覚の明知をいうのである。老子に「物を知るを知といい自を知るを明という」とあるが即ちこれである。そもそも管見によれば、哲学において悟性知の照らすところが単なる物界である場合と、それが人間的精神である場合との相違がありつつ、深く対比考察せられたものは乏しいが、しかもこれら両者は、それが自反を欠いて対象的側面のみを照らす点では相通ずるといわなければならない。が同時にそこに結果せられるものにおいては、一面大なる差違を現出することも亦看過し難い。即ち悟性知は、それが外物界を対象としてそれに向けられる時、それは純粋形式的には数学となり、又それぞれの程度における直観と交錯することによって、そこに諸々の個別科学を現ずるのである。即ち悟性知は、それが外物界に向けられて自然的事物を対象とする時、そこにそれぞれの個別学を成立せしめるのである。しかるにその対象とされるものが人間的精神である時、その本質において自反を欠くところの悟性知は、対象の単なる皮相に囚われて、特に対者の欠損的一面にのみ執してその全相を見難い。これ悟性知としての批評が、口には公正を期するといいつつ、畢竟じて、対者の短処欠点の指摘となり、更には誹謗に陥りやすい所以である。

しかるに自証を本質とする理性知ともなれば、これは自反としての自覚知たるをその本質とするがゆえに、ここに対象は、初めて真にその内面的全容を露呈するといえるであろう。即ち自覚知としての理性は、たとえ物的自然界に向けられる場合でも、悟性知の照破する理法の一面的組織を超えて、その人生に対する全一的意義に会する。更にそれが人間的精神を対象とするに及んでは、その無量の諸相を照らして地・人の根柢を照破し、その極ついには天・人合一の究極境にも参じ得るわけである。即ち悟性知が事物において照明する処は、単なる事物の自然的法則であり、随ってその秩序の把握もまた所謂悟性的組織として、事物の一面的対象性の限定から全脱するを得ない。しかるに自覚をその本質とするところの理性の把握する理性体系、即ち真の哲学体系は、前述の個別学における悟性的組織の内的対象性を超えて、そこに照破し出されるものは、常に自反を通しての自照による厳然たる実理の具体的秩序である。かくして一面的対象性に拘わる悟性組織は、一見秩序整然として、如何にも体系的であるかに見えても、これ却ってそれが生命の循環周流性を欠くところから来る現実の凝固せる一面性を語るものに外ならない。これと比べれば生命の自証としての生きた理性の自覚体系にあっては、一々が直接大宇宙の全一面的秩序を背景としつつこれに直接するが故に、その叙述表現は、常に何らかの意味における循環周流的手法をとるを免れず、随ってその点からは、真の理性の自覚体系は、表現上の外的秩序においては、かえって悟性組織の形式的整斉性に一籌を輸《ゆ》するものがある。これかの死骨は、それが死骨として既に生肉より離脱せしめられたために、かえってその骨骼性を示すこと明かであるが、生骨の骨骼組織は、それが生骨たる限り必然生肉裡に埋没せられているが故に、却ってこれを見難いにも似ている。勿論理性の自覚体系は、その内容的一面として、悟性組織を包摂すべきこともとよりいうまでもない。もし理性による法則の組織を全欠するとすれば、理性の自覚体系も、その内容は空しくして成り難いであろう。けだし理性の自覚体系の内容というも、畢竟悟性組織が、自覚の契機たる自反を機として自証の明光を浴び、以ってその面目を一新するの謂いに他ならぬからである。

三

以上において一応個別学における理法の組織と、全一学たる哲学における理法の自覚体系との本質的差別について一瞥を試みたのである。しかるに個別学における理法の組織の可能については、世上一般にも、又個別学自身の内部においても、その可能については何等の疑義も存しないものの如くである。勿論その秩序をいかに見、又組織をいかに立てるかについては、人によりそれぞれ所見を異にすべきはいうまでもない。しかるに一たび哲学の世界に一歩を踏み入れるとき、事態は必ずしも同一とはいい難い。即ち哲学の世界にあっては、そこにはある意味で、体系そのものの可能に対する疑義が存するといえるからである。即ちそれは、哲学の外部から哲学に対して放たれる疑惑誹謗の矢ではなくて、実に哲学そのものの内部から起る疑惑の声である。随ってそれは、勿論或る種の哲学体系に対しては非難誹謗の声ともいえるであろうが、少くとも哲学者自身としては、自戒自省の言というべきであろう。かくしてここに体系の可能いかんの問題が、決して忽諸《こうしょ》に附し得ない所以があり、いやしくも思いを哲学に向け、特にその体系性の上に致す者としては、十分に深省すべき意味を有するのである。

さて以上は哲学そのものの領域においても、体系の可能に対する疑惑の存する事をいったのであるが、その最も典型的なものは、いうまでもなくカントである。もっとも現在わが国においても、カントの精神に倣って実在的体系の可能に対して、或る種の疑義を有する人もあるようである。かくしてここに注意すべきは、体系の可能に対して疑義を有する人々も、勿論体系そのものに対して全的否定の立場をとるのでは決してなく、唯ある種の立場にたつ体系に対して、疑義の念を抱き、ないしはこれを否定しようとするのである。即ちカントにあっては、数学及び自然科学的真理の基礎づけを、その基本特質とする立場から、悟性による経験的認識の確証はこれを認めるも、理性による超経験的形而上学的真理に対しては、――これは実践理性の世界として行信の世界においては認めるが――客観普遍の真理としては、その真理性を拒否したのである。これは、かくいうだけでは、さまでの事でもないようであるが、今厳密に彼の意図するところを推せば、恐らく彼にあっては、彼以前の全形而上学の真理性を否定せんとするものといってよく、又実にこの点こそ彼の認識論的立場が、彼に到るまでの全哲学史上において、コペルニクス的回転と呼ばれる真意が存するわけである。勿論彼以後にも幾多の形而上学的体系は、歴史的にも出現してその可能を示しているといえるが、われわれは先ずこのカントの形而上学的体系に対する疑惑のよって来たる因由を明かにすることによって、体系可能の根拠を求めなければならぬ。

カント哲学、特にその基礎論ともいうべき認識論の根拠は、前述のように数学及び自然科学的真理の基礎付け、即ちその確証への努力というべきであろう。即ち彼の認識論は、中世の哲学が「神学の婢」であったとの語を移すとすれば、まさに哲学を「数学及び自然科学の婢」たらしめんとした努力ともいうべく、随ってその意味からは、彼の哲学は、そのそもそもの初めから、理性の自覚体系である形而上学的認識を断念したものというべきであろう。即ちその論述の形式上からは、推論の極ついに形而上学的なるものの認識を断念するの余儀なきに立ち到ったもののようであるが、これは単にその行論の外面的形式よりいうことであって、その行論を導く彼の内面的意図からは、むしろ形而上学的なるものの認識の断念、――換言すれば形而上学的体系そのものの――否定が先きであって、このような断念の決意並びにその自証のために彼の尨大なる「第一批判」は記されたというべきであろう。同時に彼が形而上学的なるものへの認識を、それが所謂普遍妥当的でないとのゆえを以て否定したということは、これまた彼が最初から真理を単に数学及び自然科学的真理に局限したがゆえに外ならない。これを要するに彼における体系の否定とは、形而上学的体系の否定の意であり、そしてそれは、彼が最初から真理を数学及び自然科学的真理に局限して考えたがゆえに外ならない。

しからば形而上学的なるものの認識は、彼のいうように、果して絶対に不可能なのであろうか。即ち又形而上学的体系は、果して全的に否定されるものとすべきであろうか。既に歴史的にも、カント以後カントの貴重なる示唆に従いつつ、自覚体系としての形而上学的体系を描いた思想家は、ひとりドイツ観念論の流れを汲む人々のみならず、現代においても幾多その実例が見られるのであり、又これを東方儒仏の世界に見るも、なるほど、その術語、範疇、様式等々一般にその形式上からは、西欧の哲学とは全くその趣を異にするが、しかもその内実に至っては、まさに自覚の形而上学的体系と目すべきものが決して少なくないのである。否このように見て来れば、カントがその特有な立場から、一様に独断論として否定し了った彼以前の形而上学的諸説も、その実これをその内面より見れば、それぞれ独自の自覚体系としての解意を容れ得ることはいうまでもない。否むしろそれらのすべてが、それぞれの程度と様式における独自の自覚体系というべきかに思われる。勿論カントがその認識論において、外界認識における主観の意義を重視し、それを周密精到に論証していることは、確かに全哲学史上における一大偉観というべく、まことに偉大なる貢献ではあるが、同時に又それによって彼以前の諸々の形而上学説が、それぞれの程度と様式における自覚体系たることを、その内面本質とするむねを看過してもならぬと思う。もしこの点を閑却したならば、如上カントの偉業もその及《およぼ》す処の弊はその功績を掩うて余りあるともいい得るであろう。

しからば体系成立の可能根拠は、果して如何なる点に存するであろうか。吾人は通俗的には人心の霊妙さにその根拠を見るものであり、又これを厳密には人間自覚の本質の中にその可能根拠があると信ずるものであるが、同時に又客観的側面からは、理法の組織としての体系の可能の客観的根拠は、ついに宇宙的秩序そのものに存するとしなければならぬ。そしてこれ等主客の両側面は、根本的には唯一宇宙的統一にその窮極的根拠を有するというべきであろう。さて今秩序と体系の語義を区別すれば、秩序は客観界に内在する理法の統一とすべきであろうが、体系とは人知がこれをその自覚において把握し映現したものというべきであろう。かくして個別学における悟性知の組織とは、いわばこの宇宙的秩序の部分的平面的なる模写映像に過ぎない。もっとも自覚的体系といえども、その把握内容の如実なる顕影は、言葉更には文字を介して表現する外ない点からは、宇宙的秩序そのものに対しては、確かに模写的映像といわれるべき一面のあることはこれを認めねばならぬ。が同時に他の一面宇宙的秩序も、かかる哲学的自証の光を介して始めてその存在意義が明かにされるのであって、かかる照明なくんば、有るもその有るが十分な実現を得るに至らぬ。もっともこの事は、悟性知の組織においても勿論言われ得ることではあるが、しかし哲学的自証としての体系の場合において一層明かである。

かくして体系可能の根拠の問題は、これを究極すれば畢竟天人合一としてのわれわれ人間の自覚裡に存するというの外ない。即ち宇宙的秩序は、われわれ人間の自覚裡にその秘奥を示現するのである。かく言えば人によっては如何にも独断的と思うかも知れぬが、しかし元来万象は無限なる相互聯関的存在たることは、何人もこれを拒む者はないであろう。そして万象の無限聯関性とは、一歩を進めれば一々の事物の裡に、自余一切の事物との無限聯関の理法を内含するの謂いといわなければならぬ。しからば宇宙的秩序は、ひとり如上人間の自覚的精神に宿るのみでなく、実に万有としての一切事物の裡に内含せらされているというべきである。唯人間意識特にその自覚的精神に至って、始めてこの自己に本具なる万象の無限聯関的理法――即ちまた宇宙的秩序――を自証しうるのである。体系可能の根拠如何等と問うてかかれば如何にも困難な問題であって、解決の端緒も容易に見出し難いかに思われるが、一たび自己に返照して来れば、体系可能の根拠はじつに万人に必然なるものというべきである。

尚この事は又次のような立場からもこれをいうことが出来る。それは事物に内在する理法は、われわれ人間には言葉に即してこれが把握並びに表現が可能であるということである。欧語では理《ロゴス》と言葉《ロゴス》とは同語であるが、事物に内在する理も、われわれ人間に把握顕彰されるには、何よりも先ず言葉によらなければならぬ。否事物の理法ということ自身が、われわれ人間の言葉を離れては、その存在すら問題とはならぬのである。かく考えて来れば、われわれ人間が言葉を語り得る存在であるという処に、既にわれわれ人間における宇宙的秩序の把握、即ち体系可能の根拠があるといい得るであろう。げに如何に深奥なる哲理も、又如何に雄大なる哲学体系も、現実には言葉と文字を介せずしては成立し難いのである。かくしてわれわれ人間に言葉の可能な処に、人がその根柢において万有の理法と相通ずる処あるを知るべきである。否単なる理の照応ならば、如何なる微粒子間にも既に行われているはずである。随って今人間が言葉を語り得るということは、われわれ人間は、ひとり万物との理の照応貫通が可能であるというのみでなく、実に万象造化の真源に会して、万象統一の真根柢を把握するの可能性あることを示すものというべきであろう。

四

前述のように、哲学における体系成立の客観的根拠は、一応宇宙的秩序そのものに在るというべきであろうが、しかも宇宙的秩序は、真に無限の多元性を有するがゆえに、その点よりして又体系そのものにも無量種々相を現じ得るわけでもある。勿論体系が無量種々相を呈するのは、かかる客観的な宇宙的秩序そのものの無限性のみならず、更にこれに対する哲学者自身の個性的角度によることというまでもないが、今はかかる主体の個性的角度を説くまでもなく、いわば客体的側面ともいうべき宇宙的秩序そのものにおいても、その無限なる照応はそこに無量の体系的把握を容れる可能がある。勿論ここに宇宙的秩序というは、もとより単に自然的事物間に内在する理法の聯関のみをいうのではない。もっとも一即一切の理の必然よりすれば、単なる自然的事物相互の間にも、本来無限なる理法の相即照応があるといわねばならぬが、しかし宇宙的秩序はひとり自然的事物のみでなく、実に人間精神の無限なる相即照応を含蓄することはいうまでもない。かくして真の宇宙的秩序は、自然と人間との一切万象の無限なる無尽相関的聯関を容れる極大なる動的統一というべきである。

このように宇宙的秩序は、それ自身既に無尽相関的なる動的統一であるが、今哲学体系として把握せられるものは、この無限なる万象の無尽相関関係を、某々の特殊的個性を有する哲学者が、その特有の個性的角度より把握し表現せるものである。随って客観的なる宇宙的秩序自身としては、無限なる万象の相関関係であるが、そこに更に哲学者自身の個性的角度がこれと交錯することによって、その体系の真の独自性は成るというべきであろう。かくして真の哲学体系は、既述の如くかの悟性知による個別科学の組織が平面的一様性に成るのと異り、真に無量なる動的多元性を具するというべきであろう。即ち宇宙的秩序そのものが、既に無限の無限次元的全体である以上、これが把握の角度もまた無量であるべく、随ってそこに描かれる哲学体系の様式も真に絶対無量というべきは当然である。

しかるに人は、ともすればこのような絶対的事実に対して不注意であるかに思われる。しかもそれが哲学に対して全然門外の人ならばとにかく、哲学を専門としつつある人々の間においても、この事は果して如何ほどの程度に理解せられているであろうか。成程われわれが哲学史上に想見し得る哲学体系の種類には一定数の限度がある。しかしながらこれ等は単に今日までに実現せられたものに過ぎない。勿論立場を換えてこれを概数に約する観点に立てば、ケーベル博士の如く、一切の哲学体系は既にギリシャ哲学の中に現われているともいい得るであろうが、しかもそれは如上単に概数に約する立場に立っての言であって、今周到精微の眼には、地上に全然同一の体系は、人を異にしてはかつて存し得ないのである。否同一人といえども、時を異にすればそこに全体把握の観点の移動を避け難いのである。この事は例えば西欧では、シェリングの如きにおいて最も明白に窺われることであるが、しかし厳密には如何なる思想家といえども、前著と次の著書との間には、若干の体系的移動を生ずるを免れない。この事は例えば西欧の哲学史上、最も大観明徹の哲人ともいうべきプロチノスの体系においてすら、ある程度には認めうる事柄である。現にまたわが国においても、その表現形式を短い論文形態によることの多い西田幾多郎博士においても、明かに看取せられる事柄であって、ために同博士にあっては、勿論そこに一貫するものの存するのは事実であるが、同時に他面一つの著書と次の著書との間には、常に多少の観点の推移移動があり、かくして時には一巻の書物でありながら首尾の論文の間には、多少の立場の展開の見られる場合さえ少《すくな》しとしないのである。

如何に体系の無量性を力説しようとする吾人も、かかる事柄に対しては、さすがに賛意は表し難いが、しかしかかる表現形式の問題については、何れ処を改めて述べることとして、何よりも先ず一般的認識の要請されるべきは、如上体系の無量性の問題である。しからば何ゆえ吾人が、しかくこの点の力説に執するかというに、卑見によればこの点に対する認識の欠除ないしは薄弱なことが、わが国の哲学界をして、西欧哲学に接してより今日まで既に相当の年月を経過しながら、尚かつ今日の如き不生産状態に留まらしめている根本因由と信じられるがゆえである。即ちわが国の学界において、如上体系の無量性の真理が真に一般的に確認せられるならば、各思想家はそれぞれ自己に徹してその独自の角度より一乾坤《いちけんこん》を拓き、百花繚爛たるが如き盛事を招来すべきだからである。しかるに事実においては、その時々に流行する某々西欧哲学説の体系を以て、あたかも哲学の唯一体系なるかに瞑想し、多くの人々がそれの模写的理解に蝟集《いしゅう》しつつある現状にある。これ思想家として何よりも自己そのものを喪失せるものというべきであろう。げに体系樹立の第一義が、何よりも先ず自己そのものの確立にあるとすれば、このような自己喪失態は、それ自身既に体系樹立の意図を放棄せるものというべきであろう。

哲学における体系の無量性については尚言うべきことがある。それは哲学において体系成立の様式が無限に可能であるという事は、哲学的真理の真理性は、単なるその外面的一様性を以ては決定せられないということである。平面的な悟性知の組織ならばその様式は一様であって、真理の表現形態は一応一様式に決定せられるともいい得るであろう。しかしながら、具体的立体的な現実的真理の自覚的把握である哲学にあっては、その真理性は、決してこれを形式的な一様式を以て決する訳には行かぬ。即ち哲学体系にあっては、かの個別学におけるが如く真理は只一形態のみであって、自余の組織は何れも皆虚妄であるというのではない。もし百歩を譲って、哲学にも亦唯一真実の体系がなければならぬとするならば、それは絶対可能的体系としての宇宙的秩序そのものの外なく、これに反して某々の哲学者の努力に成る現実の限定的体系は、その限定性のゆえを以て、必然に十全なる意義における形式内容具足せる絶対的真理そのものではなくして、それぞれの程度及び角度より絶対的真理を宿せるものというべきであろう。自己に執すること深きものは、ともすれば大観洞察の明を欠き、自己の立場のみを絶対的なるかに誤想し易いが、一切の体系はそれぞれの程度において絶対的真理に与ると共に、真に十全にして絶対的なる哲学体系は、勿論今日までかつて存しなかったと共に、又実に今後といえども永遠に不可能なるべきわけである。

かくして自己の立場にのみ執して他の一切を否定するは、事相の全容を洞察し得ない狭量の見といわざるを得ない。勿論現実において一つの立場にたつ以上、自己と異る立場にたつ体系に対しては、その角度の相違に応じて、それぞれ疎隔の感を抱くは一応当然であり、随って又それに対して誤謬との感を抱き易いのも現実としては免れ難い事柄であろう。最近わが国においても、田辺元博士がその「種の論理」の一部において、西田幾多郎博士の絶対無を基底とする弁証法的体系に対して、否定的見解を公にされているが如きは、まさにその一例というべきであろう。現実の行為的体験を重視される田辺博士の立場からは、諦観を主とする西田博士の体系に対して、疑義を抱かれるのは一応もっともであるが、同時にかくの如きは、相手方にとっても亦同様なるべき事を忘れてはなるまい。否更には自余の一切の思想家にとってもまた同様である。けだし一個の体系に対してこれを全的に絶対的真理として受容するのは、原体系の樹立者と、その生命類型を等しうする一群の追随者間にのみ起り得る現象であって、皮肉には「無力なる亜流者」間にのみ存し得ることというべく、いやしくも一個自己の魂をもてる者にとっては、他人の体系を形式内容共にそのまま全的に肯定するというが如きは、絶対にありうべからざる事である。けだし人それぞれの面を異にするように個性を異にするのであり、随ってその真実在に承当する角度は、各人それぞれその角度を異にして、真に独一というべきがゆえである。かくして又この立場からは、他人の立場に対する批評的言辞の如きも、本質的には畢竟空なるを知るべきである。けだし他の立場に対する批評は、例えば同一の円心に向って弓をつがえつつある他者の方向に対して、それが自己と同一でないのを難ずるが如きに過ぎない。実は自己とその方向を異にするがゆえにこそ、かえってその真を得ていることに気付かねばならぬ。かくして批評は、批評者自身としては如何にも鋭利に切り込んだかに思っても、実質的には対者に何等の損傷をも与えていない場合が少くない。しかしながらかくいうことは、批評の意義を全的に否定せんとするのでは決してない。批評はそれによって却って自らの立場を明確ならしめる意味を有するのであって、その点からは必ずしもこれを無意義とはいい難いが、しかも畢竟するに第二義に堕すことを忘れてはならぬ。けだし現実の真の具体的真理は、よし自己にとっては絶対必至であるとしても、自己とはその角度を異にする他者にとっては、相対的間隙の介入することを防ぎ得ないからである。かくしてこの一事の体認自証に、真の現実認識の第一歩は踏み出されるともいえるであろう。

五

上来述べて来たように、哲学体系の原型は元来宇宙的秩序そのものというべきであって、われわれは自己に内在する知の自覚性の照明によって、自らの個性的角度より、これが把握並びに表現を試みる処に、それぞれの哲学者における体系の展開を見るのである。しかるに今日哲学を修めつつある人は、意外の多数を数え得るかと思われるが、しかも真に自らの体系的知見を展開しつつある人が、果して如何程あるであろうか。厳密にはまことに寥々《りょうりょう》たるものというべきであろう。しかも顧れば人何人も宇宙的秩序の裡に存せざるはないのであるが、それにも拘らず、その把握は必ずしも何人にも可能であるとはいい難い。否、これが把握を念とする所謂哲学専門家の間にあっても、その容易でないこと前述の如くである。ではそれはいったい如何なる理由に基づくのであろうか。勿論一面からは、宇宙的秩序の把握というが如きことには、それに特有な何程かの天分を要すべきはいうまでもあるまいが、同時にそれは単なる天分のみでは不可能であって、そこには更に別個の契機を要するもののようである。しかもこの点に関しては、哲学専門の人々の間にあっても、否或る意味では哲学専門の人々において、却って意外にも閑却せられがちであるかに思われる。

しからば如上宇宙的秩序の体系的把握に際して、それに特有な知的天分の外、更に別個に要とせられる契機とは、果して如何なるものをいうのであろうか。吾人は今かりに現実の全一的体験の語を以てこれを表わそうと思う。なるほど前述のように、人いずれも宇宙的秩序の裡に置かれぬ者のない以上、一見宇宙的秩序は何人にも自明的に把握されてしかるべしともいえる。又事実、低度における漠然たる把握としては、一般的には所謂常識の語を以て呼ばれる活知において、それぞれの程度において把握せられているともいえるのである。しかしながらそれは、もとより厳密な意味における学的体系でないことというまでもない。しからば純粋なる哲学体系は、所謂常識と如何なる点において異るかというに、それはその全一性と体系性とにおいてである。そして体系性は、それが悟性的組織でなくて理性知の自覚体系である以上、それは必然に全一性を予想するが、しかも全一性は必ずしも体系性を必とはしない。なるほど全一性も体系性を包摂して始めて十全といえるが、しかし体系性が体系性たるにおいて全一性を必とするほどに、全一性にとって体系性は必然とはいえぬのである。かくして、単なる全一性のみでも、これを得るは必ずしも容易でないが、全一性の自証展開としての体系性の把握の困難さ、即ち哲学体系の樹立に特有な困難性が存するわけである。

かくして全一性そのものも、これを得ることは必ずしも容易ではないが、しかしその自証展開としての体系性に至っては、いわば組織性と全一性という両要素の統一であって、これが把握の困難性はより大といわねばならぬ。しからばここに、いったい全一性の体験とは如何なるものをいうのであろうか、又それは所謂常識とは如何に異るとすべきであろうか。吾人がここに全一性の体験という処のものは、或る意味からは、これを現実の絶対肯定の体験と称することも出来る。即ち如実なる現実生活裡に、自己を囲繞するこの天地人生の流行に対して、絶対的肯定の態度を如々に行じ得る——を言うのである。勿論ここに絶対的肯定というは、絶対の語の真義の意味するように、決して単なる現実の固定的肯定、即ちかの寂静主義的諦観を意味するのではなく、念々に生成転化してやまない現実の動態に処するに、常に恒常一貫の理法に即する即応の態度をいうのである。現実の絶対的肯定という言葉は、ともすればかの死静の寂静主義の意に解されて、現実界の更改の意図を放棄するものの如くに解され易いが、これ絶対という語の抽象態に執するが故である。もしひと度この現実界そのものは、瞬刻を容れずに生成転化しつつあるという現実の如是相に目覚めるならば、かくの如き誤解は起そうとしても起り得ないはずである。

さて上述の如き全一性の自覚的体系は、必ずしも哲学においてのみ与り得るとは限らず、所謂広義の宗教は何等かの意味において、すべてこの境に与るを以てその目的とする。否、哲学においてこの境に与るは最も至難の業ともいうべく、哲学において真に如実なる安心立命を得るは、卑見によれば一つの民族においても一時代に多くを数え得ないのが、現実界の厳粛なる制約であるかとさえ思わしめられるのである。同時に哲学において、この現実の絶対的肯定たる全一的体験に与ることの困難なのは、哲学は屢説のように自覚内容の体系的自証として、単なる全一性の如実体験たるに留まらず、更にこのような全一性の体験の内含する理法の体系性を顕彰しなければならぬがゆえである。即ち真の哲学体系の成るには、哲学者はその現実生活において、何等かの意味における宗教的体験を通して、この全一性の体認を感得自証すると共に、更にかかる全一性の体認内容を、哲学者に特有な叡知の自証光に照らして、その体系性を照破しなければならぬがゆえである。同時にここに吾人が先きに哲学によっては安心立命を得ることの容易でないことを説いた所以がある。

以上の如く考えて来れば、哲学における体系展開の枢軸を為すものは、実にこの現実の天地人生に対する全一性の体認、即ち又その絶対的肯定の一境に与るの外なきを知るべきである。さればこれは又一種の宗教的体験ともいい得るであろう。しかもかかる全一性の体認内容を、如何に体系的に自証し展開するかに当該哲学者の天分があり、又かかる体系的自証に、哲学特有の領域の存すべきこと亦言を贅するまでもない。しかしながらここに注意を要するのは、このような顕われたる体系的自証の面に執して、哲学的思索とは徒らに古典的大家の業績の形骸を、単にその文字の皮相にのみたどって、彼此の学説の部分的なる比較考量を為すことの如くに考える者があるとしたら、誤りこれより甚しきはない。勿論かくの如きを全然無用であるというのではない。けだし哲学的領域に特有なるべき一基本特質は、その体系性に存すること上来屢説の如くだからである。しかしながら体系展開の枢軸であると共に、又実にその根本動力たるこの現実の天地人生に対する全一的体験を欠いては、如何に古典的大家の著述の間に没頭するも、畢竟これ一片の画餅に過ぎない。否ついにはかかる画餅による窒息さえも招来する。にも拘らずこの種の現実の真理が、わが国現時の哲学を修めつつある人々によって、果して如何にどの程度に了せられているであろうか。

そもそも体系的自証は、これを根本的にはついに天分というべき一面があるともいえるであろう。しかるにいま人生の全一的体認に至っては、所謂才知才覚の問題ではなくて、実に現実人生の切実なる根本問題である。即ち深刻切実なる現前の苦悩に当面することにより、そこに全我の否定に即して把握せられる生死透関の問題である。げに人は所謂死の関門としての全我の否定超克の一関を透過することによって、初めて生死一貫の理を体得し、かくして始めて人生の全一性の真趣にも触れ得るのである。即ち全我の徹底棄却としての死の関門も透過することによって、人は初めて真に永遠なるものを身証体認し得るのである。かくして又真の永遠とは、如何なる叡知の頭脳といえども、単なる思索を以て到り得るていのものでは断じてなく、それは必ずや全我の棄却超克としての死の透関に即して、初めて身証されるべきものである。いま永遠とは、これをその内容に即しては、ついに絶対真実というの外ないであろう。即ち永遠とは、時に即してこの絶対的真実を把握したまでである。自覚が自反として自己の本源への復帰による自相の徹見であり、そして真の体系は、よしその把握の角度は如何に異るとも、必ずや自覚的体系でなければならぬ以上、真に自らの知見の体系的な自証展開を期するものは、すべからく飜身一転、一切の体系的映像をかなぐり捨てて、自らの当面しつつある現前の実人生の苦患に徹して、そこに我見の根本否定の一関を透脱することを力むべきである。そしてその時、その人にして体系的自証の天分を恵まれているならば、体系的知見はその生死透関に際して、必然にその心眼裡に影現し来たるであろう。

五　思想と表現

一

思想の問題というも、これをその現われたるに即いていえば、ついに表現の問題というの外なく、随って今学問の方法論として、この書の一章において表現の問題の顧慮されるはまさに当然というべきであろう。勿論ここに表現の問題と呼ぶ処のものは、かの広義における表現一般の問題ではなくて、最狭義のそれとしての哲学的表現の問題に限られるのである。しかも既に述べたように思想の問題は、その現われた面よりいえば畢竟表現の問題の外なく、随って又その立場からは思想即表現、表現即思想ともいわれるべきである。随って又思想の深化の工夫は、これを表現の側面よりいえばまさに表現の精微の工夫というべく、思想の深遠精緻というが如きも、畢竟表現におけるその精微の趣を外にしては窺い難きものと思われる。これ今日まで哲学において表現の問題といえば、普通には直ちに表現一般の問題を意味しがちであるに対して、ここには最狭義における表現の問題として、哲学的表現の様式を問題としようとする所以である。けだし未だ表現にまで至らないものは真の思想とはいい難く、随ってまた思索の工夫はこれを顕われたるに即しては、まさに表現の工夫という外ないからである。

しかしながらここに哲学的表現というは、そもそも如何なるものを意味するであろうか。われわれはその一次的規定として、先ずそれが言葉による表現であり、更に第二次的規定としては、同じく言葉による表現の中でも、特に体系的表現であることに注意しなければならぬ。しからば先ずそのような言葉による表現は、表現一般の中にあって、如何なる意義を有するとすべきであろうか。今表現という時、そこには実に種々様々なる表現様式を考えることが出来る。勿論ここに表現というは、人間的営為による実現についていうのであって、かの山川草木国土大海というような天地大自然における宇宙的生命の直接的顕現に対して、これ等を地盤とし素材とする処の人的努力による実現を意味するのである。しからばかかる人間的営為による表現は、かの山河大地等の宇宙的生命の顕現に対して、如何なる特色を有するであろうか。思うに人間的営為による表現は、山河大地等の大自然が宇宙的生命の直接的顕現であるに対して、常にその自覚的なることを根本特質とするものと思われる。即ち山河大地等としての顕現は、宇宙的生命の全く無媒介な直接的顕現というべきであろうが、これに対して人間的営為としての表現の諸相は、それぞれの媒介を通しての自覚的実現というべきである。そしてここに芸術その他人間の表現的努力が、一面からは山河大地等における生命の直接的顕現に対して、人為としての間接性即ち又媒介性を有すると共に、この媒介性を要することが、却ってその自覚性即ちその内容に対する自証性を示すというべきである。

さて人間的営為の一作用としての表現は、かの天地大自然の顕現が直接的であるに対して、常にかくの如き天地大自然の第一次的顕現の資料を、その素材とする再構成たるの意義を有する。例えば人間における絵画的表現としての芙蓉は、紙又は絹地と絵具とが画筆を介して結合される処に成り、芙蓉そのもののもつ第一次的顕現としての直接的生命はこれを喪失する。しかも絵画はかく芙蓉の直接的生命の喪失を通して、かかる直接生命の裡に内含せられる芙蓉の真生命の趣を顕わさんとする。この事は例えば生け花のように直接的生命をそのままを生かそうとする場合にあっても、或る意味ではいい得ることである。即ちそこには、既に切り花という生命の短縮の犠牲が賭けられることによって、単なる露地生えそのままでは有り得ないような生命の調和を現成せしめんとする工夫である。以上は単なる一例に過ぎないが、すべて人間的営為の一つとしての表現的努力は、天地大自然の直接的顕現を資としつつ、しかもその内奥に秘められている意義の顕彰を念とするということが出来る。芸術における色・形・音等による表現においては、この意味は最も単純明白に窺えるが、一般に人間的営為としての広義の表現においても、この意味は推し通じて妥当するといい得るであろう。

しからばこのような広義における表現の間にあって、言葉による表現、即ち言語的表現のもつ特色は如何なる点に存するであろうか。色彩・形態及音声等による表現は、所謂感性に即する表現として、広義には外相的表現と言いえるであろう。勿論かかる感性的表現の内にも、そこに浅深無量の差の存すべきはいうまでもないが、同時にかかる感性的表現にあっては、それが如何に深奥なものであっても、畢竟感性に即する有形的表現という基本的制約を脱するものではない。しかるに言語的表現に至っては、その趣は全く一変する。なるほど言語的表現も、それが素材として言語及び文字等を介する限り、もとよりその範囲における感性との交渉を全脱するものではない。しかもこの場合における言葉としての音声、並びに文字としての形態や色彩は、かの音楽における声音、或は絵画における形態及び色彩とは全くその性質を異にする。即ち音楽における声音は、なるほどかの擬声の直接性とは異るとしても、言葉におけるそれとは根本的に異って、純感性界に属するものである。しかるに言葉は、なるほどその素材としては感性を全脱し得るものではないが、しかもその本質とする処は、決して単に感性的なる点に存するものではない。同様に絵画における形態と色彩とは、何れも純感性界のものであるが、文字を通して現わされるそれらは、決して感性的なることをその第一義的本質とするものではない。

かく考えて来る時、言葉の特質は奈辺に存するというべきであろうか。この点についてはわれわれは、理の分析に長じたかの西欧人の言葉《ロゴス》は理《ロゴス》であり更に道《ロゴス》であるとすることに深き賛意を表せざるを得ない。まことに言葉は宇宙的生命が自らに内含する理の自証の必然的媒介であると共に、又実にその直接的顕現でもある。絵画音楽等所謂感性による芸術的表現は、それが如何に深遠なる宇宙的生命の秘奥を示すとしても、畢竟それは、形象に拘わる象徴的表現の域を脱し得ない。しかるに今言葉による表現に至っては、宇宙的生命は自らに内含する理法の自証の全現への一歩を踏み出すのである。なるほど象徴的表現も、宇宙的生命の秘奥を示すにおいては敢えて遜色はなく、否、時としては言葉による表現以上にその秘奥を示現するともいえるが、しかも象徴の秘義は、その秘奥が常に言葉によって開かれる一面あることを予想しなければならぬ。即ち象徴の秘義は、言葉による全開顕の世界を予想して、始めてその幽玄なる象徴の深意も解し得るのであって、もし地上に一切の言葉というものがなかったとしたら如何なる象徴の秘義もついにその真の深さを解し得ないであろう。

かくして言葉による表現即ち言語的表現は、宇宙的生命の自証の一様式であり、その最基本的形式ともいうべきであろう。即ち言葉による表現は、生命の形相に即する直接形態的表現ではなくて、生命そのものの内含する理法の自証的顕現たるをその任とする。なるほど釈尊の拈華微笑、維摩の一黙等は、言葉を空じ言語を超断する生命の最深の一境を示すものというべきであろうが、しかもこの言語超断の一境の有する意義は、言語を予想して始めてその深意を解し得るのである。もし釈尊や維摩が、全然言葉を知らぬ人々であったとしたら如何であろうか。その微笑も一黙も、もとより何ら深意を含むものとはなり得ないであろう。かくして言葉は生命自証の形式というべきであり、生命は言葉を介して初めて十分に自らの内容を自証し、又言葉として発するに至って、初めて自らの自証を完成する。かくして言葉による表現の一完成は、そのまま自証の一完成であり、又逆に自証の一完成は、必ずや翻って言葉による表現の一完成でなければならぬ。しかも同じく言葉による表現と言っても、単なる言葉のみによる表現の外、文字を通しての表現様式があり、更に又文字による表現様式の中にも、広義の文学的表現に対して哲学的表現はおのずからその特質を異にするものがある。今哲学的表現の意義を明かにせんとする以上、これ等の点についても一応の理解が要とせらるるであろう。しからばこれ等の間にあって哲学的表現は、そもそも如何なる特色を有するとすべきであろうか。

二

言葉が前述のように、生命そのものの自証に成るとすれば、言葉は本来広義における論理性を有すべきはずである。否これを突きつめては言葉即論理といわれるべき一面さえある。しかしながら言葉が論理であるということは、もとより言葉による表現が単に主観的であるとの謂いではない。既に言葉が生命の自証の最基本的様式である以上、言葉によって語られるものは、生命自体が裡に内含する処の理法の組織でなければならぬ。即ち客観的なる理法の秩序でなければならぬ。論理というとき、人はその形式においては客観性を認めても、その内容における客観性はともすればこれを看過しがちであるが、しかし真に論理的なるものは、その内容においても亦客観的なものでなければならぬ。即ちそれは生命自体の内含する理法の組織の直接的表現という意味をもたなければならぬ。これに反してもし論理が単に主観的なるものに過ぎないならば、論理はその価値を失い、随って又その力をもち得ないはずである。論理が哲学上重視せられるということは、単にその表現の形式的客観性のみに拘わることではなく、その表理の客観性が含蓄する処の理法の客観性の力によるでなければならぬ。否更にはそのような客観的理法の統一としての体系性そのものが重視せられるの謂いでなければならぬ。

そもそも哲学上論理重視の声を聞くことは多いが、しかも論理の客観的根拠について語られることは、比較的に少いようである。今論理の客観的根拠は何処にあるかといえば、畢竟それが生命の基本骨骼としての、実在の客観的理法そのものたる点に存するというべきであろう。即ち論理と理法とは、元来一物の有する主容の両面というべく、即ち論理が理法の主観的把握並びに表現であるとすれば、理法は論理の客観的根拠というべきである。ここに理法と言葉との相即性があり、人間精神が深く宇宙的生命の秘奥に参じ得るとせられる所以がある。即ち人が言葉を語り得るということが、やがて又理法を語り得るということでもある。換言すれば宇宙的生命の内容としての理法は、なるほど「天物言わずして百物成る」のではあるが、しかもその所以の示現に至っては、人間の言葉を通して始めてその秘奥は語られるのである。かくして人が言葉を語り得るということは、人間精神の宇宙的生命との接続が、深く内面的自覚的なるを語るものというべきである。さればこそ言葉《ロゴス》は本来理《ロゴス》であり更には道《ロゴス》であるともいわれるのである。

前述のように、われわれの言葉は元来論理的であり、そして論理は宇宙的理法の表現たることがその本来であるが、しかし有限存在たるわれわれ人間の語る言葉のすべてが悉く純粋に論理的であり、そのすべてが悉く理法を語るとはいい得ないのである。即ちそこには有限存在の常として免れ難き、多くの過誤と誤謬の存することは今更いうまでもない。しかしながら、そのような過誤は別にしても、われわれの語る言葉は、そのすべてが悉く純粋に論理的であるとはいえないのであって、即ちそこには多くの事実的なる表現の存することを忘れてはならぬ。例えば「水が流れている」ということと、「水は流れるものである」ということとは決して同一ではない。前者が直接現前の事実状態を語るに対して、後者は水の一般的属性を示すものである。このようにわれわれの言葉には、単に事実の状態を語るに留まる場合と、一般的法則を語る場合とがあるのである。即ち言葉そのものにも、理・事の相即的なる二様の表現様式が存するわけである。そして事実を語る言葉の純化の方向に文学が成立するとすれば、法則を語る言葉の深化の方向に哲学が成立するというべきであろう。なるほど言葉は、その基本性格においてはこれを論理的という を妨げないが、しかしその場合論理的という言葉は、決して狭義に所謂論理的ということであってはならぬ。思索の道に従う者が、ともすれば言葉の論理性の意義を狭義に解して、文学の成立の意義を十分に認め得ないのは、知らず識らずの間に我田引水的な狭量に陥れるものといわざるを得ない。

さて言葉における論理的側面の純化は、先ず科学として成立するが、その真の徹底は竟に哲学にまで到らなければならぬ。この事は又換言すれば、科学は法則と理法とによって成立するとすれば、哲学はまさに体系の上に成立するというべきであろう。しからばここに体系とは如何なるものをいうのであろうか。科学は既にそれが学として成立する以上、単なる個物を対象とするものではない。かりに単なる一個物を対象とする場合においても、いやしくもそれが科学の立場である以上、真の対象はその個物に内在する一般法則でなければならぬ。ニュートンの見たものは、なるほどその外形の上からは、一個特定の林檎の落下現象に過ぎなかったわけであるが、しかしニュートンの問題とした処は「地上一切の落ちる林檎」であり、更には「地上一切の落ちる物象」であったわけである。かくして彼の思索は、地上一切の落ちる物象より、更にはそれを超えて万有引力の法則にまで到達したのである。このように科学は事物を所縁としてその思索を発せしめるが、しかしそこに求められるものは、個物を超えて万象に通ずる法則であり理法である。勿論科学の内にも種々なる分科があって、科学本来の立場を実現するにおいて浅深の差はあるが、しかしいやしくもそれが科学といわれる限り、それは何等かの程度で、この一般的なる法則理法の発見と、その組織を念とせざるはないのである。

しからば一歩を進めて、哲学における体系的表現の特色は如何であろうか。おもうに体系的表現の特色を最も端的にいうならば、それは絶対的統一性、及びそれに伴う部分相互の自覚的なる相互返照的円融性ともいうべきであろう。勿論科学といえどもそれが一個の学として自立する以上、そこには何等かの程度における統一性が存すべき理ではあるが、しかし科学における統一は、畢竟相対的なるものであって真の絶対的統一ではない。けだし科学の立場は、客観的対象界の一部に行われる法則を明かにするのがその目的であって、天地人生そのものの全的統一を求めるは、その任とする処でないからである。勿論哲学においても、その絶対的統一の一点を如何に把握するかは、如実にはそれぞれ思想家によってその趣を異にする。このように哲学においてもその根本統一点の把握様式に到っては、人によりその趣を異にしはするが、しかもそれが根本統一として、何等かの趣における絶対の把握体認たるにおいては相通ずる。即ち哲学においては、その根本統一の一点は、人によってそれぞれその趣を異にしつつ、しかもそれが絶対の把握たるにおいては相通ずるのである。そしてここに哲学が根本統一の学として絶対の学であり、又これをその組織に即しては、所謂科学の悟性的組織でなくして体系であり、更に詳しくは自覚的体系と言われるべき所以が存するのである。

如上哲学における体系的表現に、根本統一の要とせられるは明かであるが、体系的表現の今一つの特色ともいうべきかの部分相互の返照的なる円融性とは如何なることを意味するであろうか。差別知としての悟性知に成立する科学的組織にあっては、成程その各々の部分は並列されはするが、しかしそこには相互の返照性、更には円融性というが如き趣は存しないのである。これ科学的組織はその根柢に、哲学におけるような絶対的生命による根本統一を欠くがゆえである。しかるに哲学における自覚体系にあっては、各々の部分的理法は、常に絶対的生命による根本統一に包摂されているがゆえに、一々の理法に宿る生命は相互に円融返照して已まぬのである。かくして悟性的組織は、自覚的体系に比して一見より分析的なる明瞭性を示し、これに反して真の自覚的体系は、その円融的相互返照性のゆえに、その理法の組織は具体的立体的であって、却ってこれを洞察するを困難とする所以がある。かくして体系におけるこのような部分相互の無限なる返照円融性は、その基づく処ついに宇宙的生命の無尽相映性に存するといわざるを得ない。即ち哲学体系というが如きも、畢竟この宇宙的生命の無尽相容相入性を、それぞれの角度より把握し表現せるものに外ならぬのであって、その角度の決定は思想家その人の個性によるのであり、随って又そこにその哲学体系の特色といわれるものが成立するわけである。

最後に如上体系的表現における部分相互の返照的円融性というが如きものも、そのよって出ずるところは、翻って又かの根本統一に基づくを知るべきである。けだし体系における根本統一の一点は、思想家自身が身をもって絶対的生命そのものに承当する処に成立するものだからである。随って体系性の真の充実は、畢竟この根本統一点の把握体認の程度如何に依拠するものというべく、随って又体系そのもののもつ全面的特色も、思想家自身がこの根本の一点を、如何に把握し体認するかにあるというべきである。同時にこのような絶対的生命そのものの体認は、ついに又人が如何にして己私の全的投擲《とうてき》を通じて再生するかによって得られる。かくして一個の体系においてその特質を左右するものは、実に思想家自身が、如何にして自らの死の関門を透過するかの様式に基づくことを知るべきである。かく考えて来れば、哲学の方法などというが如きも、既存の思想家の思想体系の単なる比較考量の如きによっては得られずして、その最後の関門は、畢竟翻身一転、自己の現実生活における根本苦患に向って、喪身失命ていの捨身の行を敢えてする処に、始めて体系樹立の礎石は置かれるというべきであろう。

三

今日思索の道に従う者にとっては、恐らく論理という言葉ほど魔術的な力を有する言葉はないであろう。けだし非論理的ということは、この一事をもってその思想体系を、全的に否定し去るほどの魔術的な力を有するからである。しかしながらかくまで重視せられている論理的とは、真実にはそもそも如何なるものを意味するであろうか。なるほど論理的という言葉を取りあげて問題とするとすれば、人は直ちにかの形式論理における概念・判断・推理等の諸法式を思い浮べるであろう。しかしながらかくの如きは、単に狭義における論理的なものに過ぎない。勿論哲学において論理的といわれるものの中には、このような狭義の論理的なものをも含むことはいうまでもないが、しかし哲学は決してそのような狭義の論理的なるもののみによって成立するものではない。かくして人々が普通に論理的というとき思い浮べるものは、多くは狭義の論理的なるものであろうが、しかも現実において人々の行使しつつあるものもまた、恐らくは広義における論理的なものというべきであろう。ゆえにこの間の矛盾を撤し去るでなければ、哲学における論理的なるもの、或は更に哲学の基本性格としての論理性の意義を十分に考えることは不可能と思われる。

しかしながらかくいえば、又人は哲学上狭義の形式論理を超えるものとしては先験論理、弁証法的論理が存するといい、恐らくはそれ以外に論理の存することを認めないでもあろう。勿論吾人といえども、先験論理と弁証法的論理とが広義の哲学的論理に属し、少くとも現在までにおける最も特色あるものであることを認めるにおいて吝かなるものではない。しかしながら吾人は広義における哲学的論理は、決してこれを単に先験論理及び弁証法的論理のみに限られるものとは思わないのである。そもそもこれ等二種の論理をその基本骨骼とし成立する二つの哲学体系は、元来この天地人生の現実内容よりも、むしろその骨骼としての理法の純粋性に着目して樹立せられた体系であり、随ってそれが、論理と呼ばれる特殊の優先的特色を有することは、勿論これを認めざるを得ない。しかしながら論理が元来理法の自覚的なる把握並びに表現である以上、広義の哲学的論理は必ずしもこれ等両者に限られるべきでなく、厳密にはいやしくも一個の体系の存する処、必ずやそこにはその体系に特有な論理が存するといわざるを得ない。即ちそれぞれに独自な体系の存することとそのことが、そのままそこに特有な論理の内在を語るものというべきである。随って最厳密には、一個の体系は自らに固有なる一つの論理を有するとさえいうべきであろう。

このような考え方は、論理というものを単に言葉によって理解し、それが現実的行使の只中に自己を投入することのない人々には、或は奇異の感を与えるでもあろう。或は又論理というものを、よし形式論理とのみは考えないとしても、かの先験論理ないし弁証法的論理のように既存の固定的な形式と考える人々には、如何にも奇怪な言の如くに思われるでもあろう。しかしながら真実の論理は、先きにも述べたように、生命自体が自らの内容を自証してゆく形式ともいうべく、随ってこれを凝固した固定的なものと考えるのは、単にその外面皮相の跡について考えるものに外ならない。もし哲学が論理をその基本特色とし、そして論理とは先験論理ないし弁証法的論理の外ないとするならば、既にこれ等両種の論理を生み出したカント及びヘーゲル以後に生れ出でたわれわれには、極言すれば、これ等の人々の体系の模写綴捨以外には最早思索の余地はない訳であり、又実にわが国の学界の一部は現にかかる現象を呈しつつあるといってよい。しかしながら真の思索は屢説のように生命の自証の道程であり、同時に真の具体的論理は、このような生命の自証の歩々の歩みを通してのみ顕かにされるべきものである。現にカントの先験論理といい、ヘーゲルの弁証法的論理といい、何れも元来かくの如きものであって、現にわが国で弁証法以外に哲学の方法はないとする人々の間でも、人を異にすればその所謂弁証法なるものに差異を生じて、その間論争を生じつつあることにも如上の消息は見られるであろう。

普通に論理という時、人はともすればこれを一般的形式に固定せしめて考え易いが、そもそも理法が言葉であり、しかも理法は生命の生ける内容としての実理である以上、これが自覚的表現としての論理は、決して固定された一様式に限られるはずがない。なるほど或る一つの角度における実在の切断面には、その角度に必然なる一個の論理の形態は得られるであろうが、しかもそれは単にその角度における一限定たるに過ぎない。そもそも論理の特質は、自覚内容の展開における理法の聯関秩序の整斉、並びにこれが限定的不動性に存するというべきであろうが、同時に注意を要するのは、このような限定的不動性は、元来その角度に固有なるものであって、宇宙的生命に対する思想家自身の個性角度の変わると共に、そこに現前する理法の組織も亦必然にその趣を異にし、随ってこれが表現様式としての論理の形態をも異にすることを知らなければならぬ。即ち論理というものは、ともすれば誤り考えられるような凝固した固定的な形式ではなく、一個の自覚的主体が、宇宙的生命に対する自証の歩々の歩みにおいて開顕される「生命の道」である。随って今思想の表現において第一次的に要せられるのは、生命の如実なる自証の歩みそのものであって、所謂既存の論理の形式ではないのである。そもそも足跡は、如実に歩むことによってのみ生れるものであって、もし一々足跡を気にしたり、更には自らの足跡を自ら測ろう等としていては、如実なる歩みは一歩も踏み出し得ないことを知らねばならぬ。即ち測定を可能とする足跡は、元来他人の足跡であって、常に進んで止まらない者は、ついに自らの足跡を測る暇はないはずである。

如上論理が既成の固定的な一般的形式ではなくて、生命の自証の歩みであるということは、論理をその顕わなる骨骼とする哲学体系にも、常に論理を超える一面の存することを証するものというべきである。即ち哲学体系は、その顕われたるに即いては、何れもそれぞれ固有の論理的組織を有するが、同時にかかる論理的組織の様式の相違に伴って、そこにそれぞれ特有な香りと色調とを有するわけである。勿論これは、その顕われたるに即いては、それぞれの論理的構成の特色より来るものというべきであろうが、しかも如実には、かくいうだけでは尽し得ない或るものの存することも亦これを認めなければならぬ。即ち顕われたものの背後の隠れたるものにこそ、そのような体系のもつ特色としての香りと色調とは基づくのである。けだしすべて顕われたるものは隠れたるものの自己限定といわれるべきだからである。随ってこのような立場に立てば、論理的なる体系そのものすら、これを全体としては一種の象徴といわれるべきでもあろう。勿論ここに象徴とは、論理と対立する狭義の象徴の謂いではなくて、広義のそれであることというまでもないが、しかもわれわれは、真の絶対的立場からは、論理そのもの、体系そのものも亦一大象徴と観ぜられるべき一面のあることを看過してはなるまい。

世には哲学が論理に成立するということを、単に狭義の論理の意に解して、天地人生の実相をもすべて特殊と普遍の範疇の裡に嵌めこもうとしている思想家もある。勿論これもがそれが哲学たるにおいて何等の差支えもなく、又多くの哲学説の間には、かかるものの存することもその意義なしとしないが、もしこのような狭義の論理的立場を以って哲学の唯一の方法と解して、自余の一切の立場を斥けるようなことがあったとしたら、これはいみじき誤りといわなければならぬ。勿論哲学が理法の全的統一として、広義における論理的たることをその生命とする以上、何等かの意味において特殊普遍の範疇の重畳を内含することは免れず、又実にその要もあるといえるが、只そのすべてを顕わに示して一切の内容を捨離し、単に特・殊普遍の形式的概念のみを以って万有を処理しなければならぬとするに到っては偏せるもの、偏せるはそれだけ誤れるものといわなければならぬ。同時にこのような点から哲学的表現は、所謂狭義の論理に対して一種の象徴的手法を交え用うべきだともいえるわけである。これ単なる論理の形式には盛り切れない実在的生命の秘奥を点出せしめんが為の必至の現われというべきである。この事は深き直観の伝統を有するわれわれ東方人の今後の体系的表現において、特に留意すべき点かと思われる。かくすることによって、論理はその内容としての肉を補われ、体系はその平面的なる凝固と固定から救われて、顕に即してその背後の隠を点綴せしめ得るであろう。

四

澎湃として押し寄せる西欧の哲学思想の過渡期にあって、未だ新たなる形態における自己に特有な体系の多くを有ち得ないわが国現時の思想界にあっては、如上思想家によってその表現の様式は、それぞれ異るべきだというが如きは、未だ余り論議されるまでに至って居らぬ。けだしこれは、触れるる処の哲学体系といえば、そのほとんどが総て西欧思想家のそれであって、極めて少数の先覚的思想家を外にしては、自らの国語による十分なる体系的表現を有しないわが国現時の実状としては、一応無理からぬ事柄ともいえるであろう。しかしながら今思想即表現、表現即思想として、表現を離れて思想の成立し得ない限り、思想そのものの特質も現実には、表現の特色として自らを現ずるの外なく、随って又逆に表現の特色を離れては、思想そのものの特質もこれを窺い難いことは、かの西欧の思想家についても十分に窺い得ることである。例えば今かりにドイツ観念論の諸家について見るも、フィヒテとシェリングとヘーゲルとでは、それぞれその体系の特質を異にするはいうまでもないが、しかもこの事は畢竟それぞれの表現を通して窺うの外ないのであり、そしてそれ等諸家の表現は、ひとり体系構成の基本骨骼を異にするのみならず、又その文体の色調と香りをも異にすることは、われわれ異邦人の拙い語学力を以ってしても尚かつ窺い得る処である。

一般に思想の道に従う者が、第一にその体系の特色に着目するは一応如何にも当然というべきであるが、しかも体系の真趣を得るには、ひとり如上体系の骨骼にのみ着目するだけでは未だ十分とはいい難いのであって、更にその表現の委曲を通して全貌せられる処の一切を受容するでなければならぬ。特に文体の上に現われる表現の機微を看過しては、如何に体系の基本骨骼についてはこれを了会したとしても、未だ真にその思想家の堂奥に参じたものとはいい難いであろう。げに表現上の一語の機微すら、時としてはその思想家の全思想体系の根本秘を窺いうること、あたかも隙間洩る光のような趣なしとしないのである。しかもかくの如きは、言葉を異にする異邦の思想家の表現においては、十分に把握し難いのが常である。なるほど西欧の思想家相互間における相違は、前述のようにわれわれ異邦人といえども、或る程度にその特色をその表現との相即の上に認め得るが、しかもその程度の認識では、それが直ちに異邦人の一人としての自己の表現上の機微にまで返照して来るとはいい難いのである。即ち他国語による表現は、直ちにこのような現実脚下への返照とは容易になり難い処にわれわれは、今更のように言葉の有する制約を感ぜしめられるのである。しかるに今それが、もし自国の思想家の体系であったとしたら、その表現上の機微に対する認識は、直ちに自らの表現上の工夫にまで返照するといい得るのである。かくしてわれわれはここにも、思想における国語の問題の有する意義その重要性を認めざるを得ないのである。

そもそもわれわれは平素思想といい体系というが、今これをその顕われたるに即しては、畢竟表現の外何物もないのである。即ち表現を離れて思想のいうべきなく、表現を離れて体系のいうべきものはない。即ち顕の立場に立てば表現こそ一切であって、そこには表現以外の一物も存し得ないわけである。かくいえば、人或は表現以外に尚表現の背後のものがあると言うかも知れぬが、しかもそのような表現の背後にあるものといえども、今表現の立場からは、それは何等かの意味において表現の裡に宿るものでなくてはならぬ。即ち如何なる意味においても表現の上に窺い得ない表現の背後のものというが如きは、畢竟無意味なるものといわざるを得ない。かくして所謂表現の背後にあるといわれるものは、それは或は文体の色調となり、或はその香りとなって、表現の裡に宿り表現を通して窺い得るものでなければならぬ。もしそうとすれば、畢竟これ既に表現せられたものといってよく、即ちそれ自身厳密には既に表現裡の問題であるというべきであろう。今このように考えて来れば、思想家の一切は、いやしくもそれが思想家自身のものとして問題とせられる限り、それは必ずや何等かの意味における表現の圏域内に入り来ったものといわなければならぬ。即ちこの立場に立つときわれわれは、一切の思想は、必ずや何等かの趣において表現上に自らを露呈するものであることを信ぜざるを得ない。同時にかの屢説の思想即表現とは、まさにこの事をいうに外ならないのである。

同時に又われわれは、これを翻しては、表現を離れて思想を思想とすべからざることを知らなければならぬ。即ちいやしくも表現の立場に立つ限り、如何に深遠といわれる思想といえども、それは必ずや何等かの趣において、自らを表現裡に顕現するものでなくてはならぬ。即ち如何なる意味においても、表現上に自らを投影することなきものについては、われわれは、これを思想として問題とすることは出来ないのである。勿論そのためにはわれわれは、一個の体系を解するにあたっても、単に体系の表面に現われた論理の形式的行使にのみ眼を奪われることなく、その文体の特色、更には一語の用法の裡にも、思想家自身の人生体験の秘奥を窺うていの用意と工夫とを欠いてはならぬ。が同時に又思想家自身の立場としては、坐談又は随筆等としては、天地人生に対する自らの知見を断片的には語り得るとしても、体系の上にはついにその趣を表現し得ないとしたならば、思想家として真に深きに到ったものとはいい難いであろう。勿論一方からは、随筆又は詩歌等の形態において実在的生命の趣を、ある程度に把握し得た思想家は、体系的表現の上にも、おのずからこれを投影し得べきはずであるともいえるが、しかも事実においては、そのようなことは、深奥なる自覚によって始めて可能なことといわなければならぬ。即ち随筆詩歌のような表現の直接態においては、ある程度に実在的生命の真趣を表現し得たとしても、その事が直ちにその体系的表現において深奥なる趣を示すとはいい難いのである。

かくして思想家としては、体系的表現こそ一切であって、如何なる思想も体験も、すべては体系的表現の上に溶融展開せられるに至らなければ、未だ真に思想家としてその人の有であるとはいい難い。かくして思想の問題は、これをその顕われた側面からは、徹頭徹尾表現の問題であり、これを詳しくは体系的表現の問題であるというべく、体系的表現を離れては、如何なる思想もついにこれを問題とすることは不可能である。勿論深奥なる体験内容の直截端的なる語録的表現などが、体系的思想家にとってその思索の上に、重大な示唆の光を投ずることは今更いうを要しないが、しかもそのような意味における価値と、体系的自証そのものの価値とは決してこれを混同してはならぬ。勿論内容的には、そこに或る程度の関聯性の存することは否み得ないが、しかも内容形式相即としての全体的価値としては、両者は全く別種の範疇に属するものといわざるを得ない。かくして全体的表現としての哲学の立場としては、どこまでも思想即表現、表現即思想といわざるを得ないのである。同時にこのような思想と表現との相互相即的循環性は、又実に思想の洗練過程を示すものでもある。即ち思想は表現にまで達してその一応の完態に達するが、同時に表現にまで達した思想は、又その凝固を破って新たなる領域に向って自らを解放する処がなくてはならぬ。即ちそれは更に高次の表現にまで自らを結実せしめるでなければならぬ。同時にこのような一応的完態の凝固を破って、新たなる高次的結実に到る道程において、他者の思想、即ち他の思想家の体系的表現がその媒介としてはたらくのである。即ちそれは、一面からは、自らの体系的表現の凝固を破る力となると共に、更に又高次的なる自己結実への道程において、一種の示標的意義を有するといえるのである。

かく考えてくれば、表現こそは実に思想家にとってその総てでなければならぬ。即ち表現は思想家にとって、ひとりその思想の全現である許《ばか》りでなく、又実にその全生活の全現であるとの意味すらも有つ。即ちわれわれはかりに信の形においては絶対的生命に帰依する篤信の宗教家を見るとしても、もしその人が、未だその絶対的生命との連接を、体系的自証を介して十分な体系的表現にまで到らないならば、われわれはこれを信の人としてはその純粋性を許し得るとしても、厳密なる意味における思想家としては、十分にその深さを認めることは出来ないであろう。かく考えて来れば思想家にとっては表現、即ち体系的表現こそ実にその一切であるといわねばならぬ。かくして真の思想家にあっては、その思想はいうまでもないが、更にはその生活の諸相の総てすらも、何等かの趣において、その思想家の体系的表現の上に投影するでなければなるまい。世には思想家と称せられながら、自己の年齢の推移すらその表現の上に反映することのない人々もあるようであるが、しかし思想家が真に思想家として、常に自らの生命の自証と展開を念とするならば、体系が如何に概念的な組織であるとはいえ、そこには必然にその人の年齢的な境涯が反映せられるべきであろう。否更に厳密には、何等かの趣において、その環境閲歴等すら反映すべきであるともいい得るであろう。否時としては更に、執筆の季節すらも全巻中のどこかに一点くらいは、反映する場合さえないとはいい得ないであろう。けだし思想家自身の現実生活の自証としての真の体系的表現にあっては、思想家の身辺を囲繞する季節を標示する何者かが反映するということも、必ずしも怪しむに足りぬことだからである。

五

思想の有する表現の意義の重大性が、上来述べて来たようであるとすれば、われわれは今や改めて表現の関わる深意について思いを新たにしなければならぬ。即ち普通には思想の事といえば、単に体系のこととしか考えられぬかの如くであるが、しかも体系そのものが如実には、上述のように表現を離れては全く存し得ないものであり、更には所謂骨骼としての体系には十分に現われ難い個性的色調すらも、表現の上に現われるということは深く念いを致すべきことである。随って今真に思想の世界に沈潜しようとする者は、特にそれが自己の最も傾倒する思想家の場合には、単にその大まかな体系の骨骼的特質に注意するのみに止まらず、文体更には一語一語の用法の末々にまで、そこに周実せる思想家自身の体験の特色を読みとるていの意を注ぐべきであろう。実際用語の如きも普通には左まで問題にされて居らぬかのようであるが、しかし真に卓れた体系的思想家にあっては、それぞれの思想家に特有な独自の用語と語法とがあるのであって、そこに体系構成の特色のよって出来たる根源があり、又実に体系展開の根本動力もそこに宿るというべきであろう。

ここにこのようなことをいうは、特定の思想家に特有なその用語法等に対して、形式的な模倣を勧奨しようなどということ、もとより言うまでもない。否、根本体験を欠く者の単なる外面皮相の模倣は、特にそれがその思想家の特有な用語法である場合には、人をして嫌悪の情をさえ感ぜしめるものである。しかもそのような危険を冒しながら、尚かつこの点に関して敢えて言及する所以は、思想における表現の意義が如何に重大かを思うがゆえであって、表現上の機微にまで注目することのない粗笨な頭脳を以ってしては、とうてい実在的生命の秘奥を窺うに由ないと思われるがゆえである。かくして自己の傾倒する思想家の思想体系に対する真の理解は、単に大まかなその体系的骨骼の理解というが如きに止まらないで、その表現上の一切の用語と語法とに対して、一々当該思想家の密意を噛みしめるていの慎重入念なる態度を必要とする。否それだけの景仰と帰投とを要するのである。げに卓れたる思想家にあっては、抽象的には単に一様な形式的意味に対しても、そこにはその思想家に特有な独自の表現方法が採られるのである。同時に先人の表現様式に対するこのような虔《つつ》ましい態度は、やがて又自らの生命の自証をして、一脈それと相通う精微の域にまで導くに到るであろう。未だ先人の表現の密意すら窺いえない程度で、自らの表現が精微の域に迫るというが如きことはあり得ない。かくして先人の表現における独自固有なるものを透関し了る処、そこには直ちにその人に特有なる表現様式が生誕するといえるであろう。

　そもそも表現の問題の根本は、畢竟これをリズムの問題ということが出来るであろう。即ち又これを文章そのものの形態に即しては文体の問題ともいえるであろう。かく表現の問題の根本がリズムの問題であるということは、即ち哲学的表現が、よしその外観の上からは理法の概念的組織であるとはいえ、その理法が実在的生命に内在する活理である以上、実在的生命そのもののリズムが、表現の上にも齎《もた》らされるがゆえに外ならない。そもそも哲学的表現とは、屢説のように自証界裡の風光の表現ともいうべく、生命が自らの内容を自証の光に照らして観ずる処、必然そこに自らなる表現運動を開示し来らざるを得ないのである。即ち哲学的表現とは、一個の生命が自らの内容の自証において承当する実在的生命の理法の表現というべきである。随って今この立場に立てば、哲学体系の深さは必ずしも全巻を読過し了って初めて明かになるというようなものではなくて、序文さらには巻頭の数行にこもるリズムにおいて、既にその思想家の境涯の浅深のほどは判定されるともいえる。随って又自己が如何なる思想家の体系を以って典範とすべきかも、その思想家の体系構成の特質如何を問うまでもなく、既にその表現におけるリズムの如何によって決せられるともいい得るであろう。けだし表現上に現われる文体としてのリズムほど、伴わる処なくその思想家の内面境涯を顕わに露呈するものはないからである。

かく考えることによってわれわれは、現在わが民族の当面せしめられつつある時代の学問の困難性を知ることが出来る。けだしわが国現時の思想家の多くは、自らの自覚の媒介として最も多くを西欧の古典的典籍に求めつつあるようであるが、しかもそれ等西欧の古典は、いうまでもなくその文脈語法等を根本的に異する異邦の言葉によって表現されている。勿論それ等の言葉も、それぞれの国語の立場においては、それぞれの文体とリズムとを有するものであるというまでもないがしかも彼れとは本質的に文脈語法を異にするわれわれにあっては、それ等欧文の有する文体とリズムの特色は、これを採り来って直ちに自らの上に返照せしめることは不可能である。けだしそれは彼我の国語が根本よりその性格を異にするがゆえである。かくしてわれわれは、自己に本具なる生命のリズムの自証的の媒介としては、何よりも先ず自らの有する古典のリズムに汲まなければならぬであろう。これに反して、自己の国民的古典の有する生命のリズムに対して、何等の感受性をも有し得ないようでは、とうてい民族の行手を照らすような雄偉深大な思想の生れようはないであろう。しかも真に自国の古典の有する生命に汲むということは、先きにも述べたように、その基礎として真実には素読を予想しなければならぬ。げに古典のリズムは幼少時素読を通してのみ、始めて真にこれを植えつけ得るものだからである。かく考えて来れば真に自覚的なる民族の思想は、今日一たび喪失している処の素読が、何等かの様式において復活されるようになって始めて生れ出るというべきでもあろう。

しかしながら教育上、素読精神の復活というが如きことが、果して何時の日その実現を見るであろうか、まことに遼遠の感なしとしないのである。しからば既に素読を喪失しつつある現代の人々は、このリズムに対する教養の欠を如何にして補足したらよいであろうか。吾人は一般に文章のリズムに対する感受性を練磨する一つの方案として、短歌俳句及び詩というが如きものを挙げ得ると思うのである。即ち短歌俳句及び詩というような特定の形式によって、リズムに対する感受性を洗練する方法は、人をして微妙なるリズムの世界に開眼せしめる一方便ともいうべく、かくしてそれは又或る意味では哲学的方法の上にも看過しえない一工夫といえるであろう。げに短歌俳句及び詩というような短小な定型詩形にあっては、げに一語の適否すらその全生命を活殺することは何人も知る処である。しかしながらこの趣は又これを推して真の哲学的表現についてもいわれうることでなければならぬ。少くとも理想としては、われわれ邦人にあっては哲学的表現も、一首の短歌において一字の贅《ぜい》すべきなきほどの洗練の極に達することが望ましいのである。されば邦人としての哲学的表現は、ある意味では一巻の哲学体系も、その渾然たるにおいて、まさに一首の長歌のそれの如きを得たならば、けだし理想といい得るでもあろう。体系的表現において一字の贅すべきなきに到るということは、その思想家の内面境涯が、真に円融無碍いささかの間隙凝滞をも有せざるに到ったことの何よりの証左でなければならぬ。けだし一切の境涯の如実なる風光は、表現の上にその秘奥を露呈して余蘊《ようん》ないからである。

以上吾人は思想における表現の意義を重視し、そして表現の中心を文体特にそのリズムにあるとしたのであるが、しかもリズムの真の体得は、すでに屢述のように畢竟思想家自身が真に躬を以って実在的生命に承当するところに初めて得られるものであり、随ってこれに比すれば、如上あるいは古典のリズムの味得といい、更には短歌俳句および詩というような特定のリズム的教養の方案の如きは、畢竟これ第二義第三義的なる媒介的意味を有するに過ぎない。げに文は人なりともいわれるように、リズムの基準となるものは、外になくして内に在る。この意味からはまた先きの論理の如きも、ことさらに論理的たろうと意識して書く場合は、ともすれば生命の萎縮と凝滞を来たして、真に論理的たることが出来ず、これに反し論理というようなことには特に意を用いることなく、ただひたすらに生命の全般充実の一路をたどることが、これをその跡より見るとき、却ってよく論理的たり得るものと思われる。随ってまたかの非論理的な箇処とか、あるいは論理が飛躍しているというような順でも、単に論理のつじつまを合せようとするよりも、むしろかような個処は、必ずやその生命の充実感において欠けるところある個処であるゆえ、むしろ論理を補おうとしないで、ただひたすらに生命の充実感を与えようと期する方が、結果においては、却って真に論理的となるもののようである。

六

哲学的表現の問題はこれを具体的には、更に体系展開の様式の問題となるともいい得るであろう。かくして体系展開の様式としてまず問題となるのは、一巻一体系的表現様式と、論文的表現様式との問題である。わが国の現在では、独自の体系を有する人々の著述は、そのほとんどすべてが論文様式において行われている。このことは今一々その人名を挙げるまでもないであろう。思うにこれはそれらの論文が、何れも専門の学術雑誌等に掲載せられることを契機として、展開せられたことに基因するのであろう。哲学専門の学術雑誌の功罪に関しては、後に改めて考えてみたいと思うゆえ、ここには深入りすることを避けるが、しかしとにかくに体系の展開が、単なる論文的様式に限られ、しかもこのような傾向がある特定の一、二の思想家に限られないで、ほとんど一世の学問界の風潮を為すというがごとき現象については、確かに一考を要するものがあると思うのである。勿論かくいうは体系の論文的表現様式を、全然非としてこれを斥けようとするのでは決してない。ただ体系の展開様式が、単に論文的一様式に限られるかのような傾向に対しては、確かに一考に値するもののあることをいうまでである。

そもそも一個の体系は、体系としてそれは必然に全一体系であるべく、随って首尾を一貫して初めてその全現を得べきは今更いうを要しない。故にその意味からは体系の表現形式は、元来一巻一体系というがその本来というべきであろう。現に西欧の哲学史上に見るも、哲学体系は少くとも一体系の展開に一巻を要し、時には数巻を重ねて初めて一体系の展開を完了している場合すら少しとしない。かくして論文的展開様式をとるものは、西洋哲学史上においては、厳密には古今を通じてただ一人のプロチノスあるのみともいえるであろう。かくして西欧における哲学体系の展開は、大体これを一巻一体系というを得べく、また実にそれが体系そのものに本質的な本格的表現様式というべきであろう。かの「執拗なる思索」とか「強靭なる思索力」など、その他事毎に彼れを範としつつあるわが国現時の哲学界において、ひとりその最も本質的な体系展開の基本様式であるこの一点に関しては、全く彼れの様式を捨てて顧みず、そのほとんど凡てが、如何にも島国的な矮小形態たる論文様式を以ってする傾向が、一世を風靡しつつあるのは何故であろうか。又この点に関して、ほとんど何等の論議も為されぬかの如く見えるのは、そもそも何ゆえであろうか。まことに不思議なこととといわなければならぬ。彼の思索力の強靭と、そのスケールの雄大さとに対して賛嘆渇仰する者は、何よりも先ず自らの表現形態におけるこの島国的矮小性を打破すべきではないであろうか。

勿論かくいうも、それぞれの論文的様式に対して、これを全的に否定しようとするのでは決してない。否恐らくは有史以来この島国に住し、さなきだに諸般の生活面において易簡な伝統の下に生を亨けて来たわれわれ邦人としては、或る意味では矮小なる論文形式こそ、却ってその本具のものに近いというべきかも知れぬ。しかしながら、既にその思索並びに表現の様式において彼れに範を採りつつあり、さらに表現の体系性という一点においても、大いに彼れに学ぼうとしつつあるわが国現時の学界にあっては、今少しく一巻一体系的表現形態が、哲学的表現における本格的様式として認められるべきではあるまいか。そもそも人は論文的様式を、その形態の短小性のゆえに、如何にも容易であるかに誤り考えるようであるが、卑見によれば事態はまさしく正逆とも思われる。けだし真の論文的表現は、プロチノスの如く一切を静観し尽した後に初めて可能なことといわなければならぬ。もしさもなくば、執筆時期の時間的前後によって、体系把握の観点に推移を生ずるは必然であり、そしてそのような体系の把握における立場の推移と移動とは、それ等の論文が集めて一巻の書物とされた場合、そこには一巻の書物でありながら、体系としての真の統一性と整合性とを欠いて前後相矛盾する処あるは、現時わが国において一流を以って許されつつある思想家においてすら尚かつ免れ得ないことは周知の事柄である。もっともこのような事も、これを当該思想家の思想展開の跡を点検する上からは、或は便ともいい得るでもあろうが、しかし実在的生命の全一的把握を念とする哲学的知見の開顕様式としては、けだし尚到らざる処ありとしいわなければならぬであろう。

しかしながらかくはいうものの、先きにも一言したように、吾人といえども、もとより論文的表現様式を、全的に否定しようとするのではない。否恐らくは一巻一体系的表現様式と論文的表現様式とは、両者相俟って始めて哲学的表現として全いといえるでもあろう。同時に西欧の思想家が、前述のようにそのほとんど凡てが一巻一体系的表現様式に終始するに対しては、かく両種の表現様式を併せ用うる処に、われわれ東方思想家の一特色があるといい得ることが望ましいと思うわけで、ここには時弊の一面に対して、特に言を費したわけである。卑見によれば、一巻一体系としての完態的表現と論文集的表現形態とは、いわば絵画における風景画と静物画との関係の如く、両者それぞれ独自の特質と風趣とを有して何れを勝れりとも容易にはいい難く、むしろ両者相俟って初めて真に完きを得るというべきであろう。或は又この関係はこれを小説における長篇と短篇との関係にも比し得るでもあろうか。即ち一つは「全」そのものを、その全一体系として全現するに対して、他は「全」を、それぞれの個に内在含せしめて表現しようとするものであって、両者それぞれその立場において「全」に与るにおいては相通ずるが、同時に又その何れを以って真に本格的と見るべきかとなれば、何等疑いを存しないものと思われる。

表現様式の問題に関しては、この問題の外にも更に表現の階層性ともいうべき問題がある。即ち如上は何れも専門家を相手とする自証の直接的展開を主とするものであるが、思想の表現においては、この外更に所謂専門を異にする他の人々に対して、自らの専門としての自証界裡の消息を、その凝然たる体系性の骨骼を肉のうちに隠しつつ、用語等においても、成るべく難解とされる専門的用語の佶屈を離れて、専ら内容の平明なる叙述を念とする所謂通俗啓発的表現が考えられなくてはならぬであろう。わが国現時の学界にあっては、このようなことは学の堕落として一般に顧みられぬ現状にあるが、しかも真に現実の具体的把握に徹した人々には、如上啓発的表現も必ずしも困難ではなかるべく、いわんやこれを以って必ずしも学の堕落とのみ見るべきではあるまい。否そこにはかかる啓発的述作を軽視する人々の容易に窺いえない発見と収穫とさえ存するかと思われる。そもそも自らの体認の表現にあたって単に一様式しか採りえないということは、これを換言すればその把握体認において未だ抽象性を全脱し得ないものというべきであろう。けだしその表現に階層性を与えうるためには、現実の体認そのものが、その表現における階層性と相即するだけの深層性を内含するまでに、その深さと立体性とを有しなければならぬがゆえである。かくして今一人の思想家が、単に一様式的表現しか為し得ないということは、その現実の把握における一面的偏執を意味するものというべく、未だ真に実在的生命の全的把握の円融境に到らぬことを証するものに外ならない。

同時にかかる啓発的な表現形式についても、われわれはそこに又幾多の様式を考え得るであろう。例えばフィヒテにおける幾多の「通俗講話」のように、体系的骨骼を没了し去った形態も存し得るであろうし、又プラトンその他における が如き対話的形態も存し得るはずである。かの思索における弁証法的展開式に執して、これをもって哲学唯一の方法と考えるが如き人々は、先ずその最も具体的な形態としての対話を以って、自らの思想を展開してみては如何であろうか。対話の形式はひとりプラトンのみに限らず、古来東方の天地にあっても、儒仏共に大いに用いて来た形式である。尚最後に邦人の思想的展開の最後の一形態として、語録及び道歌の類の存することも忘れてはなるまい。語録はいわば体系的基本骨骼の素材的表現ともいうべく、道歌に至っては、最短小なる邦人独自の縮約的表現というべきであろう。されば一個の哲学体系が、真に全一体系としての実に徹しているならば、それは一面一巻一体系として全的展開を期すべきと共に、他面一首の道歌の中にもこれを縮約し得るはずである。そしてここに二宮尊徳を始めとしてわが国古今の大思想家に、道歌的表現の少くない所以があるのであって、そこにわれわれはかかる人々の大慧大慈の心に接するを得るのである。

六　古典の問題

一

全一学としての哲学が、自覚内容の体系的な自証展開であることは、既に上来屢説の通りであるが、しかもこの場合自覚の基底たる実在的生命の全一性の体認、並びにこれが内容としての理法の体系的自証は、それが自覚であり自証である以上、われわれ有限存在にあっては、必然それぞれの媒介を要するといわざるを得ない。即ち本来自に属し自に具わるものでありつつ、しかもこれを知るには媒介としての他者を要する処に、われわれ人間の有限存在たる所以がある。同時にこのような自覚の触発の媒介となるものは、哲学が全一の学として理法の全的統一の希求をその本質とする限り、まことに無量であって、真の哲人にとっては、地上一切の事象はすべてこれ自覚の媒介たるの意義を有するともいい得るであろう。しかもそれら無量の媒介のうち、書籍特に偉大なる先哲の思想を凝縮結晶せしめた古典的典籍に至っては、最も重要なる媒介たるの意義を有する。これ真の学問方法論の一環として、特に古典の問題の採り上げられる所以である。

然らば古典的典籍は、いかなる意味において自覚の主要媒介となるのであろうか。古典的典籍とは、周知のように偉大なる先哲の思索の結晶として、時代を超えて不朽なる永遠の生命を生きつつある典籍の謂いである。哲学はそれが理法の全的統一の希求として、これを理法の現実母胎としての生命に即しては、何らかの意味において実在の永遠的生命に触れるものでなければならぬ。しからざれば、かかる永遠の生命にのみ内在し得べき宇宙的秩序の把握はとうてい不可能である。世に古典的典籍と呼ばれるほどのものは、何れもそれぞれの角度よりこの実在の永遠なる生命に承当して、そこに内在する宇宙的秩序を把握し表現せるものである。そもそも哲学体系の真の原型ともいうべき宇宙的秩序そのものは、随時随処に全現露呈せられて何人といえどもこの外に洩れるはないはずである。随って慧眼に映ずる万象の実相は、そのまま宇宙的秩序の全現そのものであり象徴たるべき理であるが、ただわれわれの凡眼には、直接万象を静観してそこに内在する宇宙的秩序を洞察するは容易の業ではない。かくしてここに現実そのものに内在する「見えざる宇宙的秩序」を洞見する手がかりとして、初めて古典的典籍の有する独自の意義は存するのである。すなわちここに手がかりというは、いわゆる自覚の触発的媒介としてである。

　かくわれわれの凡眼は、ともすれば現実の外的有形性に拘って、そこに内在し含蓄せられる「見えざる宇宙的秩序」を洞見することは決して容易ではない。けだし理は常に事に宿って具現せられるのではあるが、しかも具現とは実は事の有形性に即していうことであり、随って自己を囲繞するこの現実界裡、直ちに宇宙的秩序そのものが内在具現せられつつあるにもかかわらず、居常われわれの凡眼に映ずるところは、多くはこれ現実皮相の単なる有形性に留まるのである。しかるにいま古典的典籍と呼ばれるものは、遠く時代をつらぬいて生きる諸々の思想的偉人が、この現実の有形性に即しつつこれを超えて、その内面に洞見し得た「見えざる宇宙的秩序」の体系的表現である。すなわち見えないものを見える形にまで表現しようとした永遠の努力である。

随ってわれわれ凡愚といえどもこれを手引きとして現実に向えば、そこに独力では到底見るを得なかった現実界に内在する宇宙的秩序の一端にも触れしめられるのである。かくしてここに思索における古典的典籍の意義があるわけである。すなわち古典的典籍とは、見えない実在的生命の組織を、見える形態にまで結晶せしめたものであり、すなわちまた宇宙的秩序を、それぞれの角度より縮約反映せるものというべきである。

しかしながらここに注意を要するは、思索における古典の意義は、前述した以下でないと共に、また実にそれ以上でもないということである。すなわち古典的典籍が、われわれの思索において有する異義は、如上どこまでもそれが自覚の触発的媒介たる点にあるのであって、まさに「それ以下」でもなければ、また「それ以上」でもないのである。かくしてこの思索における古典の意義を明確に定位し限定することは、真に具体的な思索の歩みを進めようとする者にとっては、まさに根本第一義を為すというべきであろう。けだし思索における古典の意義を、もし媒介的位置以上に考えるとすれば、その時いわゆる思索とは、ただ書籍中の事柄を比較し考察する程度に考えるいわゆる思索の怠惰、さらにはその無力性に堕するが故である。いま哲学的思索においてその第一義的対象を為すものは、いうまでもなくこの現実の天地人生であり、さらにはそこに内在する宇宙的秩序そのものというべきである。随ってそれが如何に偉大なる古典的思想家の著述であるとしても、書籍そのものは決して思索の第一義的対象たりえないものでなくてはならぬ。この意味において思索における根本第一義諦は、書物をその第一次的対象とするか、はたまたこれを現実の天地人生に置くかの別に存するといってよく、学者の一流と二流の別も、またこの一点に存するというべきであろう。

いまこれに連関して想い出されるのは、自然科学の領域においては、いかにその資質の乏しい学者でも、自らの研究の第一次的対象を、書籍そのものと誤想するような者は見られない。しかるにひとたび人文科学特に哲学の領域に入れば、如上その第一次的対象が書籍でなくて、この現実界に内在する宇宙的秩序そのものであるという、単なるこの一事の確認の有無によってよく学者の第一流と二流以下とを分ち得ると思われる。そしてここにもわれわれは自然科学と人文科学、特に無限反省の学としての哲学との本質的相違を知るのである。即ち自然科学は、如何に深遠といえども、畢竟対象の第一次的反省に成立する世界というべきであるが、哲学はその無限反省に成る。随ってまた対象の第一次的反省に成る自然科学の領域にあっては、如何にその資質の劣庸な者といえども、未だかつてその対象を単なる書籍と錯覚する者はないが、無限反省の立場をその本質とする哲学の領域においては、一世の思想家でない限り思索の真の対象がこの現実の天地人生そのものだということに徹到し難いのである。けだし無限反省をその本質とする哲学においては、その自覚の触発的媒介として古典的典籍を要すると共に、それはまた絶対に媒介として以上の意義を与えられてはならぬのである。すなわち真の哲学的思索は、その自覚の触発的媒介として、一面必然に古典的典籍に拠りつつ、しかも念々これを超えて、その背後直ちに現実そのものを把握するでなければならぬ。

しかるにあらゆる時代において人々の多くは、哲学的思索における古典的典籍のかかる意義と限界とを十分に洞察するを得ないで、あたかも哲学的典籍をもって、思索の第一次的対象であるかに誤想する。これいわゆる論語読みの論語知らずの類であって、その説くところ畢竟書籍以外には一歩も出られず、かくしてそのいわゆる思索と称するものも、畢竟古典的典籍の平面的な模写綴拾の域を脱せず、いわゆる書籍という表面上の空転に過ぎないのである。そもそも現実そのものは、元本来無限次元的な立体とも称すべきであるが、ひとたび書籍となれば、いかに深遠なものといえども、畢竟単なる平面上への投影たるに過ぎない。しからば、かくのごとき書籍の平面的抽象性を破って、無限次元的なる現実の原立体性に開眼せしめるのは如何なるものであろうか。これ他でもない、切実なる現実の人生の体験であり、特に辛酸多き苦患の重圧であって、決していわゆる才智学才なるものではないのである。世には哲学体系の樹立を、単にその生得の学才によるかに考える向きもあるようである。なるほど宇宙的秩序の体認というがごときは、一面ある程度の学才を要するともいえるであろう。しかし真の哲学体系の把握は、断じて単なる学才のみによって成るものではなく、必ずやそこには深き現実生活の体認が予想せられねばならぬ。同時にそのような現実生活の体認内容を自証する側面光として、古典的典籍は初めてその独自の意義を発するのであって、これすなわち上来「自覚の触発的媒介」と呼んで来たものに外ならない。

二

哲学的思索において、古典的典籍の有する意義については、一応前節に述べた通りであるが、いまこのような立場に立って哲学史の大流を眺める時、われわれはそこに幾多の古典的典籍の存するを知るのであり、その状あたかも古典の一大饗宴に臨むかの観がある。いま「古典の饗宴」というような表現をすれば、人は恐らくプラトン、アリストテレスに始ってヘーゲルに至る、いわゆる西欧哲学史上の古典的典籍の燦然《さんぜん》たる星宿を思い浮べるであろう。だが、邦人として全一体系を希求する立場にたつ以上、われわれに供せられる古典的饗宴は、必ずしも西欧哲学史上の古典とのみ限られず、これらと並んで東方儒仏の古典的典籍も、少くとも以上の資格においてそこに陳べられるべきであろう。勿論単に古典といえば、ひとり狭義の哲学的古典のみならず、広く人間教養の上に貢献して来たあらゆる領域における偉大な典籍は、すべて含められるべきであり、事実、現実の反省としての真の哲学的思索にあっては、ある意味では狭義の哲学的古典以上に、そのような広義の古典的典籍の有する意義は大きいといわねばならぬ。けだし真の哲学的思索は屢説のように、現実そのものの反省であるに対して、いわゆる哲学的古典はその体系性のゆえに、それはある意味では形式的と見え、随って如実なる人生の現実内容を示現する文学・歴史・宗教などの偉大なる古典的典籍の方が、哲学的古典に比して、より大なる示唆を与える場合も決して少しとしないであろう。

しかしながら今は煩を恐れて、一応古典の範囲を狭義の思想の領域、即ち哲学的古典の範囲に限ろうと思うが、しかしそれすらもいわゆる分科的分析的でない東方の天地にあっては、広狭の別は必ずしも明白でない。しかしながら今はかかる問題に深入りするは主意でなく、一応大観の立場から、われわれ邦人に供せられる哲学的古典の饗宴について、その大観的瞥見を試みるに止める。そもそも現代において哲学を修めようとする人々は、その大部分が哲学的古典といえば、単に西欧哲学史上の古典的典籍の意に解して、ほとんど東方儒仏の古典的典籍を顧みないのは何故であろうか。否甚しきは、現在においてすらわが国には古来哲学はなかったと言う人は決して少しとしないのである。なるほど哲学を、西欧哲学の形態に局限すれば、かかる言葉の発せられるのは必ずしもその因なしとしないであろう。しかしながら哲学の形態は西欧においても、時代により、国により、更に人によって必ずしも一様ではなく、それぞれその様式を異にするは、西欧思想史を大観する者の何人も容易に気付く事柄である。しかしながら哲学が世界観と人生観との統一的希求である限り、われわれもまたもとよりかくのごときものを有して来たことは、何よりもその思想の歴史に明らかである。ただその形態において、またその根本基調において、彼れと大いに異なるところのあるは、また自然の教というべきであろう。同時に西欧文化に接触した今後においては、その形態もまた彼れを媒介として、大いに更改すべきことも言うをまたぬ事柄である。

そもそも明治維新前までのわれわれは、既に序論においても述べたように、儒仏いずれかその一つを修めるをもって、全一学の修得としては十分としたのである。しかもこれらの二教は、その何れもが教としていわゆる閉鎖体系とも称すべく、その根本所依の経典が明確に規定せられて、ある意味ではこれを学ぶ順序までもほぼ一定していたということができる。随ってこれが修得にあたって、少くともその基本典籍としていかなるものを選び、更にはいかなる順序に学ぶべきかさえ明らかであって、そこには何らの疑義も存しなかったのである。しかるに今後におけるわが民族の全一学は、従来の教が閉鎖体系であったのに対しては、まさに開放体系とも称すべき西欧哲学を媒介とすべきは不可避であろう。随って今後わが国において全一学を修めようとする者は、この地上の一切の典籍中より如何なるものを採り、またこれを如何なる順序によって学ぶべきかはけだし至難の問題というべく、今後邦人の哲学学徒の根本問題は、先ずこの点より始まるともいえるであろう。けだし思想の真の対象は、いうまでもなく、現実に内在する宇宙的秩序そのものであるが、しかも宇宙的秩序はその絶対無限性の故をもって、如何なる典籍を介してこれに向かうかによって、その人の心眼に映現ずる理法の体系的組織を異にするが故である。このことは今儒・仏・欧・の三大文化体系が、それぞれの立場における全一学でありつつ、如何にその形態ならびに色調の異るかにも窺い得るであろう。否、西欧哲学のみに没頭しているわが国現時の哲学学徒は、神・儒・仏等の古典が、それぞれ全一学であることにすら気付かぬほどである。

さて前述のように、われわれ邦人の哲学的饗宴に供すべき古典的典籍を、いかに決定するかはまことに至難の問題であって、もとより個人の力をもって為し得べきことではない。否この問題は、初めてこの問題に逢着した現代という一時代だけでは十分には決定できず、実に今後民族の自覚的な歩みによって、次第に確立せられてゆくべき至要の問題というべきであろう。随って現在この混乱の過渡期においては、いかにわれわれがこの問題に頭を悩ますとしても、決して真の確立は期し得ないというべきであろう。が同時にまたそこには、よしいかに微々たりとはいえ、いわば一個の捨て石として、来たるべき根本方向へ向って一個の小石を投ずべきだともいえるであろう。かくしてここには、いわゆる過渡期に不可避な犠牲的悲劇と、またその深義とが存するのである。すなわちわれわれは、わが国の全一学のまさにあるべき根本方向への大観の明知と共に、他面自己の個性の必然に従う果敢なる一歩を踏み出す勇気とを要するわけである。けだし現実の更改は、徒らなる遅疑逡巡によっては行なわれず、何よりも先ず現実にその一歩を踏み出すことから始むべきであろう。即ち新なる世界は、誤謬を恐れて彳立《てきちょく》する者の前には開かれないが、同時にそれは現実の歩みである限り、絶対に誤謬なしということは、とうてい期し得ないからである。

かくしてわれわれ邦人に供せられる哲学的古典の饗宴において、如何なるものを選ぶべきかについての考察はこれを次節に譲るとして、われわれの饗宴には儒・仏・欧の三大文化体系、並びにこれを摂取し統一するわれに固有なものとが陳べられなければならぬであろう。勿論それらの中から如何なるものを選ぶべきかは、現実には人により異なるべきはいうまでもないが、しかしわれわれの前に供せられる饗宴は、嘗って人類の有した主要な文化体系が、われを中心として展開せられるでなければならぬ。けだしわれらの古典的饗宴の根本原理を為すものは、いうまでもなくわれを中心として世界文化を媒介とする宇宙的秩序の自覚的把握体認の外ないからである。しかもこれが遂行のためには、この根本原理は内に二個の支柱的原理を内包しなければならぬであろう。すなわち融会と会通の二原理がそれである。しからば「融会の原理」とは何を意味するであろうか。吾人はこれをもって儒と欧、または仏と欧とのそれぞれの融会統一をいうのである。西欧哲理の巨然たる体系に接した今後のわれわれにあっては、儒・仏の教学は、よしその内容としてはそれぞれの様式下にそれぞれ自覚的慧知の体系を内含しつつあるといえるが、しかも分析精緻、論理厳密なるかれとの対比においては、これら儒・仏の教学は、ほとんど体系の語を用いかねるほどに易簡なる象徴性をその特質としている。いま西欧哲理の体系を、打ち展げられた金箔とすれば、東方儒仏の学は、まさに粒々たるつぶ金のそれにも比すべきであろう。かくしてその易簡の象徴性は、人をして直截端的に実行に導く力はあるが、同時に人をして一路端的に実行にまで衝迫せしめる意力の自証確認のためには、かかるつぶ金のような易簡の象徴性は、理法の体系性にまで展開されなければならぬであろう。また実に真の体認の象徴的表現は、かかる打成展開に堪え得るのである。東方古典の易簡なる象徴性を見て、これが体系的展開を不可能と見るは、その外形の易簡に囚われて、その内容の豊かさを洞察し得ない短見に過ぎない。真の金箔師は、素人が見ても全く不可能とするほどの微粒でも、もしそれが真の純金であるならば、それより驚くべき広さの金箔を打成し展開するであろう。

以上は融会の原理により、東方の古典的典籍の含蓄する思想内容は、論理的体系的なる西欧哲理を媒介として、体系的転釈を可能とする旨を述べたのであるが、同時にまた他面西欧哲理のうちある種のものは、われわれ邦人にとっては、多少の縮約を要するかとも思われる。それを現実にどのように試みるかは、まことに至難の業というべきであるが、とにかく初心者にとっては、その形態上多少の縮約をする方が、却って全相に通じてその真髄に触れしめる一捷径となるかとも思われる。かくいえば人々は、吾人の把握力の弱小を笑うでもあろうが、しかし今日西欧哲学に没頭しつつある人々の中、果してその幾人が真に彼れの体系に触発せられて、自らの全一体系を展開しつつあるであろうか。卑見によれば、真に一人の思想家を解し得たということは、厳密にはその人の体系に触発せられて自己もまたそれと相即する独自の一体系を展開するに到るを意味するでなければならぬ。しかも現在この域に至った者の寥々として乏しいのは、畢竟彼れの全一体系を、真にその全一性において把握し得ないで、単にその部分的綴拾に腐心しつつあるが故である。しかもそれは翻ってわれわれに本具の資質が、彼れのごとき巨大なる体系を、彼れのごとく純形式的論理的に行《や》るに長ぜず、随ってまたそのような巨大な体系を、その全一性において把握するに長じないからに外ならない。かくしてここに前述したような縮約短小化の努力の軽視すべからざる所以がある。勿論この縮約短小化というようなことは、実際には容易ではないであろうが、今一例をいえば、スピノザの「倫理学」のごときは、西欧哲学の中では比較的短小な体系ではあるが、邦人の講読等には、一応公理定理系及び備考のみをとって、いわゆる「証明」と名づけられる部分はこれを省略して、定理系等の説明は、一応講者の自由に委すが如きも、また一法たるを失わぬかと思われる。このようなことをいえば人々は直ちに、「証明」にこそスピノザ独自の面目があるではないかというであろうし、それはまたもとよりいうまでもないことであるが、しかも邦人としての自覚的摂取の立場、特に初心者を対象とする場合には、この種の試みすらまた一法たり得るかと思うのである。

如上儒と欧、または仏と欧との間に行われるものを仮りに融会の原理とすれば、儒と仏との間には、まさに「会通の原理」とも称すべきものが行われなければならぬ。けだし儒と仏とは、これを広義には西欧哲理に対して東方的といい得るとしても、儒仏それ自身を対比せしめれば、一つは現実的他は超現実的であって、全くその基調を異にする二大思想大系というべきである。しかも歴史的にこれら二種の教説を、自覚の媒介として来たわれらの民族は、何等かの意味でこれが統摂を求めなければならぬ運命の下に置かれている。しかもこれは今日までのところ、一応その現実生活の上では各自が行じて来ている事柄であるが、しかもそれは真に自覚を中心とするこれら両者の融会とはいい難い。思うにこれは形式的側面からは、維新前にはこれら二種の真理を会通せしめる媒介としての、第三の論理を有しなかったが故であろう。しかも今や西欧哲理という純理を主とする媒介体系を移入した今後は、儒・仏特に日本的儒仏を足場とする、これら二種の真理の自覚的な会通溶融に向って、その一歩が踏み出されるべきであろう。かくして如上融会及び会通という二重の消化作用によって、世界文化の饗宴は初めてわれらの民族の内容を豊かならしめるであろう。しかもこれら融会と会通の原理を如実に作用《はた》らかして、一切をわれに統摂する根本動力は、われに固有ないわゆる「かむながら」の道であるべきは今さらいうまでもないが、しかも全一学たる哲学的自証の立場にたつ者は、この点に対して更に明確な自覚をもつべきと思われる。

三

上述のように、いわば世界的文化の統摂をその任とするわれらの前に陳べられる古典的饗宴の品数はまさに無量というべきであろうが、しかも一人の思想家が如実に摂取し消化し得る古典の数は、必ずしも多しというを得ないであろう。かくしてここに必然に起るのは実に古典の選択の問題である。恐らく全一学としての哲学を修める者にとって、最も重大かつ困難な問題は、ある意味ではこの古典選択の問題といい得るでもあろう。けだし哲学的自覚が古典をその必然的媒介とする限り、哲学的自覚の内容は、必然にその媒介とする古典の特質によって制約を受けることを免れないからである。即ち人が如何なる古典を読むかは、やがてまたその人の構築する体系的殿堂の主要な支柱を形成するが故である。いかなる独創的思想家といえども、何ほどかは必ずや先人の思想体系を媒介とせざるを得ないことは、東西両洋の思想の歴史が明らかにこれを示している。西欧の近世において、最も独自の体系を展開したスピノザ、ライプニッツなどにおいてすら、それぞれの先蹤的《せんしょうてき》思想家の存することは周《あまね》く人の知るところである。

しからば古典の選択の基準は如何にあるべきであろうか。この問題については、色々の角度から、種々の基準を挙げ得るであろうが、畢竟するに最後は思想家その人個性によるという外ないであろう。すなわち最後は自らの「肌」に合うと合わぬとによって決する外ないと思う。勿論客観的には、東西それぞれの思想史を大観して、そこに主要なる若干の古典的大思想家を見るを得、少くともそれらの人々の代表的著作は見なければならぬといい得るであろう。例えば西欧哲学史上ギリシャにおいては、プラトン、アリストテレス、プロチノス等、また中世に入っては聖アウグスティヌス、聖トマス、及びドゥンス・スコトゥス等、更にまた近世に入っては、デカルト、スピノザ、ライプニッツより、更に進んでカント、フィヒテ、シェリング及びヘーゲル等は、先ず動かない古典的大家といい得るであろう。更にまたこれを仏教に見るも、倶舎・唯識・起信・天台・華厳等の教学は、仏教教学としては、どうしても動かし難い一連の体系的発展というべきであろうし、また儒教においても四書五経、またこれを近代においては周子・二程子張横渠より朱子・陽明に至る書の如きは、今日邦人の哲学的思索の媒介として、まさに不可欠の要素を成すといい得るであろう。さらにまたわが国においては、古事記及び日本書紀という二大古典はいうまでもないが、その他祝詞万葉集等はまさにわが国の古典の本幹を為すというべく、もしそれいわれる日本的儒仏に至っては、仏においては上は聖徳太子の三経義疏より、下は慈雲尊者の十善法語に至る無限の系列があり、儒教もまたその始祖藤原惺窩に始って朱子・陽明・古学等の諸派を生んでいることは一々贅するまでもない。もしそれ二宮尊徳、三浦梅園、石田梅巌、吉田松陰等の人々に至っては、如上儒仏の教学より出でつつこれより脱化して、それぞれ与えられた境涯に即して、最も日本的な教学を樹立したものということができる。

以上は無限なる古典の大海中、真にその一瞥に過ぎぬのであって、一々これを列挙し来たれば真に際限なきことである。しかしながら古来達人の読書は、質を貴んで量の多きを貪らない。また事実においても、多読家必ずしも深奥な理解に至るとはいい難い。真の理解が躬をもってする身証体認でなければならぬ以上、皮相断片において多くに触れるよりも、先ず自己に縁あり最も自己の「肌合い」にあう若干少数の書を心読色読することこそ、真に心ある人の態度というべきであろう。特にこのことについて思わしめられるのは、一般に思索において大切なことは、この天地人生に関する現実の素材の豊富なことであって、未だそれに収むべき人生の現実的素材を持たずして、徒らに単なる形式としての種々の体系的概念の枠の比較に耽るがごときは、断じて真の哲学的思索の道ではないであろう。かくして一時期には、一体系もしくは精々主副の二体系を学ぶをもって基準とすべく、それ以上の多端にはしるは、却って心を散乱せしめて真に統一を得る所以ではあるまい。かくして真に必要なことは、自己に親近なる人の体系に没頭すると共に、傍らその全領域を充すべき現実内容の素材の摂取をあわせ努むべきであろう。けだし思想の体系は、これを充《みた》すべき現実内容を有しない時、よしその原型は如何に卓越したものであるとしても、その当人にとっては、畢竟単なる概念の枠に過ぎないこととなるからである。

かく考えて来る時古典の選択の問題は、やがてまたこれを学ぶ順序の問題にも連関するわけである。即ち如何なる古典を、如何なる順序において読むべきかの問題となるのである。このような順序の問題は、各自の個性に即する制約を別として、これを一般的な形に投影して考えれば、一応歴史的展開の順序に従うべしとの見も成立するであろう。けだし思想の展開の次序に、「事実」の発展であると共に、また実に「論理」の展開でもあるからである。しかもこのことは、ひとたびこれを現実におけるわれわれ自身の資質の有限性、並びにその個性的制約の立場にたてば、ほとんど一片の空語ともいうべきであろう。かりに超凡の多力者で、一応これを可能とする者があったとしても、畢竟これ哲学史家としては最上の途というに止まり、自証の体系的展開を任とする哲学そのものの立場としては、必ずしもこれを最上の道とはいい難いのである。けだし真の体系的自証とは、このような時に即する展開の相を観ずる立場を超断して、絶対界そのものに躍入するところに開かれる世界だからである。かく考えれば、かの歴史的展開の順序に従って読むべしというがごときは、真に自らの自証界を開顕する者の途ではないであろう。

かくしてこのような古典閲読の順序の問題は、さらにまた東西思想の何れより始むべきかの問題とも連関する。今これについて考えしめられることは、理想の立場としては東方の古典、特にわが国の古典の主なるものと、儒仏の古典の若干とは、既に幼少時に素読の形式の下に授けられるということである。今日わが国の学問界にも東方への反省の兆しがようやく見え初めつつあるが、しかも真の自覚的転換に到るは決して容易のことではあるまい。しかもその主要因を為すのは、永年西欧的な悟性的思索に馴らされて来た人々には、自覚を内含しつつ象徴的表現をとる東方の古典に対しては、容易に近寄り難いというわけで、一応当然というべきでもあろう。しかるにそれがもし素読として、既に幼少時において、その生命の基本的リズムが授けられていたとしたら、かりに悟性知展開の最盛期たる青年期には、一時これより離れることがあったとしても、二十代を経て三十代にも入り、ようやく人生の現実に当面して如実なる自覚を発する頃ともなれば、先きには単に生命のリズムの形態で受容した東方古典の象徴的表現の一々は、その内奥に畳み込まれた体系性の展開を開始するに到るであろう。しかも今日わが国の哲学者で素読の教養を受けた人々は、恐らくは今年（昭和十二年現在）七十歳前後の人々をもってほぼ終りとするであろう。宜なる哉、維新以後全一学の樹立の第一線は実にこれらの人々によって画されたのであり、同時にこの一線は、既に巻頭の「わが国当来の哲学」の題下に述べたように、恐らくはまた今後わが国の全一学にとって、永遠の第一線となるべきかと思われる。かくして今後の真の自覚的な全一学は、われわれに固有な東方の古典的リズムの一端に、何らかの趣で幼時に触れることのできた人々が、三十五歳前後といういわゆる哲学的自覚の初発期に達する時期を待って、初めて出現するというべきであろう。

かくして古典閲読の順序として最も理想的なのは、素読または素読に近い態度によって、古代より近代に順観すると共に、また逆に近代より古代へと逆観するにあるともいい得るであろう。かの記・紀の象徴的記述や、四書の簡枯なる表現は、その最初を素読の形式において入るに適するは言うまでもないが、西欧でもプラトンの如き、或は降ってはアウグスティヌスの告白録の如きは、その体系性を顕わに示さない点で、未だ体系的知見に達しない青年期に、いわば素読に近い態度を以って読ましめるに何の妨げもないであろう。体系が体系として一種の限定である以上、体系的典籍は一般にその理解に到るが容易でないと共に、ひとたびこれを理解し了れば、一応それまでというところがある。しかるに象徴的表現をとるものに至っては、体系的知見に達しない人々にも親しみやすいと共に、既に自らの体系的知見に達した人々といえども、最早それですんだという期なく、これに接する毎に常に新たなる体系への示唆を与えられる。かく考えて来れば、西欧哲学においてこれをいえば、プラトンに始ってプラトンに還えるというがごときは、ある意味では最も理想的な道ともいえるであろう。否更に西洋思想の絶対的根底として、キリスト教信仰の有する意義の重大なことに想い到れば、プラトンと聖書とに始まって、プラトンと聖書に還える円環に、西欧的立場における最も理想的な順序があるともいえるであろう。

しかも現実としては、われわれ邦人が初めてプラトンに接するのは、既に相当の年齢に達してからのことであり、更にまたわれわれ自身の古典においてすら、既に素読による基礎的受容の形式を失った今日のわれわれにとっては、自国の古典といえども初めてこれに接するは多くは青年期以後のことといってよい。この現実の事実に直面してわれわれは、そもそも如何にこれに対処すべきであろうか。ここにおいてかわれわれは、一種の溯源的方法ともいうべきものをとる外ないことを知らしめられるのである。即ち既に悟性知を発した現在のわれわれが、記・紀四書プラトンの対話篇等のような根本古典に対する途は、勿論理想的ではないが、既に現代までに到達した自証の光を介して、これが溯源的返照を試みるの外ないということである。即ち近代の自証体系を介して、古代の古典的典籍に向うのである。即ち今日アリストテレスの深意は、トマス更にはヘーゲルを介して初めて真に明らかとなり、プラトンの偉大さはアウグスティヌス、ライプニッツ等を通して初めて真にうなずかれる。また儒教においても、孔孟の真意は朱子陽明等を介して初めてその深さを窺い得るのが通例であり、更にわが国固有の道についても、古事記の深さは古事記伝を通して初めてわれわれ凡愚にも窺い得ると思われる。勿論如上の方法は、いわば未限定を解するに限定を以ってするものであり、随ってそこには媒介としての限定的な体系の枠をもって、未限定なる原古典に当て嵌めようとする危険のあるはいうまでもない。しかもそのような危険を予想しつつも、なおかつその内奥に一歩を踏み入れようとする者にとっては、また実に已むを得ない途でもある。もしこの際既に素読または素読に近い方法によって、体系的自証以前、更には悟性知開発以前に、その渾然たる未限定的全体が、その如々のリズムに即して与えられていたとしたら、如何なる媒介的体系を用うるも、それはあくまで媒介としての本義を失わずにいることができるであろう。だが、そのような悟性知開発以前の直観態における素読的受容をもたない現在のわれわれにとっては、媒介としての近代的体系が、ともすればそのまま原型として逆に原古典の生命を歪曲し、その歪曲形態に即して凝固し固定される危険も少しとしないのである。ここに素読を失ったものの悲哀があり、これを西欧の古典に対しては、十分に邦語化された完全な古典の飜訳をもつに至らない過渡期の悲劇がある。

更にまた、東西文化の自覚的な摂取溶融を念とするわれらにとっては、一面広義における類型的近似性を有する東西の古典を比較対照せしめることも、彼我の思想的特質を明らかにする点では、その得るところ決して少しとしないであろう。例えば四書とプラトンの対話篇とを照応せしめ、あるいはまた中庸と起信論及びスピノザの倫理学とを照応させるが如き、更にまたライプニッツと華厳、中世神秘教と禅の諸文献等、更にはヘーゲルの歴史的哲学と愚管抄等々、何れも彼我の民族的性情の特質を映発するもの少しとしないであろう。かくいうは勿論世上に散見する単に皮相膚浅なる比較の興味に駆られて、牽強附会に陥るべきでないことというまでもない。また事実かくの如き危険は大いにあることでもある。だが、それにもかかわらず、真に東西文化の融合統摂を任とするわれわれ日本民族の一員として思想の途にしたがう者としては、かかる危険を知りつつ、尚かつこのような彼我の性情の比較考量の一面を有すべきであろう。しかもそれが、単に膚浅なる比較の興味から牽強附会に陥らないためには、今日真の大観の立場に立って、東西文化の統摂を独自の体系的自証を通して果遂せられつつあるわが国現時の若干の先覚的思想家の自証光を先導として進むべきであろう。そしてこのことは、やがてまた先きに述べた素読を失った今日のわれわれが、溯源的逆観によって、可及的にその誤謬より免れしめられるほとんど唯一の方途ともいうべきであろう。

なお最後に古典を読む順序という上から、今一つの重要な問題は、カントを読む時期いかんの問題であろう。思うにカントほど、これを読む時期を選ぶ古典は、他にその類例を見出し難いかと思われるが、それはカント哲学の有するその特異の性格より来ることである。即ちそれが純形式的であっていわゆる内容的でなく、またそれがいわゆる自覚の全現の立場でなくして、悟性知の基礎付けとして、いわば自覚の半円の立場に留まるものであること、またわれわれ邦人にとってはその形態が巨大であり、更には三批判書を俟って初めてその一全体をなすが故に、容易にその全体性を把握し得ないこと等々、何れもカント哲学がいわゆる哲学入門期の初心者に対して適当でないことを示すものというべきであろう。しかるにわが国現時の大学においては、かく、ある意味ではわれわれの性情と最も異質的なこのカント哲学を以って、哲学の真の入門と考えて来たかの観がある。かくしてカントの「純理批判」は、何処の大学においてもほとんど欠かさずに用いられて、最も無難かつ正統なものとされて来たようである。しかも卑見によれば、かかる無自覚的な慣習こそ、わが国の哲学界をして、その萎靡不振に沈湎せしめた一主要因由かと思われる。即ちロマンチックな哲学的憧憬を懐いて来た哲学青年は、大学生活三年間を、この凝然たる概念的組織の重圧下に過すことによって、完全に窒息せしめられ了るのである。さればカント哲学ほどその時期を選ぶに困難な思想は他になく、恐らくわれわれ邦人としてカント哲学に接する適当の時期は、自家の体系の第一期の萌芽が、すでに処女作としてその形態を採った後であるべく、更には第二期の体系を展開した後、その洗練浄化の鉄鎚として、そこにカント哲学の主観化の精神に触れるべきではあるまいか。同時にまたこのことは、実に西欧の哲学史そのものの展開が実証するところでもある。ギリシャ及び中世の偉人深遠なる形而上学的思想、更には近世初頭のそれらをも予想して、初めてカント哲学の真意は十分に発揮されるというべきであろう。随って今いわゆる哲学入門書としてカントを却けようとすることは、何等カントに対する軽視ではなくて、実にその真価に対する正当な認識に発するものに外ならない。

如上古典の理解の問題に連関して、ついでに語学及び飜訳についても一言したいと思う。哲学を修めるにあたり語学の必要なことは今更いうまでもないことであって、語学は一応「如何ほど学ぶとも決して過ぎるということのないもの」ともいい得るであろう。けだし先人の思想を把握するに際して、原語によるの有利なことは今さら言うを要しない事柄である。けだし思想と言葉とは本と同一であり、随って一つの思想の真趣はこれを原語を通して窺うの外、厳密にはその途なしというべきだからである。即ちその思想家の把握する如実の世界は、その原語に特有な語感と色調によって微妙に表現せられているのであって、これを他国語に飜す時いかなる飜訳の名手を以ってしても、畢竟他国語という形態に転換変形せられるのであって、厳密には原思想そのものとはいい難いわけである。が、同時にまたわれわれは、個人の能力には限界があるという現実の厳粛なる制約をも知らなければならぬ。随ってあらゆる典籍をその原語によって読み得るということは、まことに理想ではあろうが、しかもこれは何人にとっても現実であり得るとは容易にいい難いのである。また仮りにこれを現実とし得る人があるとしても、そのことが直ちにその人の思想家としての卓越性を証するとはいい難いであろう。随って今西欧の古代及び中世の哲学、あるいはまた東方でも仏教哲学等の歴史的研究、ないしその飜訳を任とするならば、それらの人々は、まさに生涯を捧げてそれら異邦の古典的語学の研究に没頭すべきこともとよりいうまでもない。しかしながら今思想の体系的自証、特に邦人としての立場から、世界観人生観の統一を志す人々にとっては、その語学においてある程度の制約を生ずるはまことに免れがたい現実である。否ある意味では自らの資質に顧みて、適宜その制限を下すべきでもあろう。今ギリシャ、ラテン等の古典語に通ずることは、学問上もとより大なる力であり、特にそれがギリシャ及び中世哲学の歴史的研究を任とするにおいては、まさに不可避の決定的要素といわねばならぬが、今邦人としての立場から全一学の体系的樹立を念とする者にとっては、これら西欧の古典語の習得と東方儒仏の古典に対する教養とでは、その何れを重しとすべきか俄に断じ難いものがあり、われわれ邦人思想家としては、そこに深省すべきもののあるを覚えるのである。

同時にこのことからしてわれわれは、今後は従来よりも遙かに多く飜訳の意義を重視しなければならぬと思うのである。わが国現時の哲学界において飜訳が軽視されつつあるのは、一面それに従事する人々の中には、年若くして語学の習得の一方便として為されるものの少くないことからして往々誤訳を混じ、また意味不明の個所の少からぬことなどより来ることであって、一応もっともとはいい得るが、しかも静かに大観する時、凡そ何時如何なる民族においても、飜訳軽視の時代は、その時代が未だ啓蒙期を脱し得ない何よりの証左というべきであろう。即ち彼れへの隷属より自立し得ない何よりの証拠といわなければならぬ。一般に啓蒙期には模写的才能に長ずる者が俊秀とされるが、ひと度び自覚期に入れば、自らの世界を自証して始めて真に聡慧といわるべきである。かくしてわれわれは今語学の問題に関しては、極端にはかのアウグスチヌスがギリシャ語を解し得ないで、プロチノス及びプラトン等を読むにあたって、何れも当時のラテン訳を用いて尚よくその思想の最大継承者たり得た歴史的事実、またこれをわが国においても道元親鸞・日蓮等がその仏教教理の習得において、周知のように何等原語の経典によることなく、すべてを漢訳経典によった事実等について顧《かえりみ》るべきものあるを思うのである。もとよりこのことは、厳密にはそこに大なる事情の相違が考えられるべきであろう。というのも仏典の漢訳は、周知のように当時国家的大事業として、当代の碩学をすぐって一堂に会して行われたのであって、今日西欧哲学の飜訳が、それぞれ個人の努力により、各別に部分的に為されつつあるのとは、その量質共に同日の談ではないからである。だがそれにも拘わらず吾人が、如上の言を敢えてするのは、もとより語学の意義を軽視しようとの意志によるでないことというまでもない。否その意義を真に重視すればこそ、却ってそこに他面制約と限界の自覚の要あるを言うまでである。随って体系的自証を意図せぬ歴史的研究者は、まさにその全生涯を飜訳註釈等に捧ぐべきであろう。その終生を一人のプラトン一人のヘーゲルの飜訳のために捧げて悔いない人々の輩出することは、わが国今後の思想界にとって、まさに最重要事の一つというべく、極言すればそれまではわれらの民族は、真に西欧思想よりの自立を期し難いとさえいい得るであろう。

けだし体系的自証は、なるほど思想家としての当人自身には、それぞれの程度で意義あるは否み得ないが、しかし体系的思想をもって一つの時代に貢献し、更には、死後に到るまでも貢献しようとするが如きは、まことに至難の業というべきである。しかるに今飜訳並びに註釈にあっては、その卓れたものに到っては、ひとりその時代に貢献するのみでなく、また実に死後に至るまで貢献するところ大なるものがある。そもそも飜訳の条件としては、それが一応正確であると共に、更に邦文としてのリズムを有すべきことが最も重要である。私自身の乏しい経験においても、この邦文としてのリズム感を何ら顧慮することのない訳書は、これを自分一人で読むにおいては一応差支ないとしても、ひと度び講読用として衆と共に読むに至れば、如何とも為し難い場合が多いのである。そしてその主要な原因は、ひとえに邦文としてのリズム感を欠く点に基因するかと思われる。かつてケーベル博士は、原典が読めなければ同国語の紹介書を読むよりも、飜訳でよいから全訳を読むべきことを奨励されたというが、更に極言すれば、真に卓れた訳書によって読むことは、ある意味では拙い語学の力で、たどたどしく原文を読む以上に意義ある場合すらなしとしないと思われる。即ち全体を一気に通読することによって、全巻を貫くものに触れることができるからである。このことはプラトンの有名なジョウエットの訳書等の場合には、十分に当てはまることであろう。

かくして原文と訳文に関しては、もし訳文が十分に熟した良訳の場合には、大体つぎのような互に相反する長短得失があるといい得るであろう。即ち原文の場合には、思想家自身の生ける言葉として、直接その把握する世界を如実に窺い得る点で、至大の意義あること、もとよりいうまでもないが、同時に原文は、それが思想家自身の自覚の媒介として生かされ駆使せられるためには、それは単に原文のままに放置せられないで、必ずや自己の言葉に飜えされなくてはなるまい。もしそうでなくて、それを原文のままで用いるとしたら、厳密にはそれだけ不消化物を混入するものというべきであろう。事実わが学界の現状に見るも、一人の思想家の思想の熟否は、ある意味ではそこに介在している欧文欧語の割合に比例するともいい得るであろう。これに反して訳文は、原文の有する原内容を喪失した形式として、原思想家の把握する如実世界の消息を窺う点では、厳密には絶対に不可能であり、否最厳密には、訳文は原文とは全く別物というべきでもあろう。しかもこれを自覚の媒介として見る時、原文の場合には、一応これを邦語に飜すだけでも既に多大の努力を要するのであり、随って最早それ以上自己に特有な形態にまで、これを転化せしめるがごときは、とうてい思い及ばぬことである。しかるに今訳文の場合には、なるほどその生命の如実の豊かさにおいては、訳文はとうてい原文のそれに比すべくもないが、ただ訳文の場合には、単に原文の直接的反射としての訳文のみに止まらないで、その訳文を更に自らの自覚の媒介として、自己に親しい言葉にまで転化せしめて、これを生かし得る利便のあることも、またこれを忘れてなるまいが、しかもこれ人心のともすれば看過し易い点である。かくして真に大観すれば、原文訳文本来それぞれその分と任務とが存するというべきであろう。即ちそれぞれに長短得失を有するわけである。かくして今邦人の現実としては、一応近代語と古典語とはこれを別って考えるが便であって、即ち客観的歴史的研究者にとっては、それぞれの専門的古典語に精通すべきは言うまでもないが、これに反して体系希求の立場にたつ者にあっては、二、三ケ国の近代語に通ずるを以って、一応こと足るとすべきであろう。否、事実において彼れとは根本的にその語法文脈を異にする我れにあっては、それすら必ずしも容易のこととはいい難いであろう。しかしながら少なくとも西欧近代語の一つに精通熟達することは、われわれ邦人にとっては、今日はもとよりほとんど半永久的に不可欠の要件というべきであろう。

四

哲学的古典の選択並びにそれに連関する諸問題については、一応前述に留め、ここには一歩を進めて、かかる哲学的古典に対する理解の態度は如何にあるべきであろうか。これ一見自明の問題の如くでありつつ、実際には必ずしも容易の問題ではないであろう。けだし、いやしくも古典と呼ばれるほどのものをその足跡として印した人々は、哲学史上に卓出するいわゆる雪線級の大思想家であり、随ってそれらの人々が、この世界と人生について把握したものは、そこに容易に常人の窺知を許さぬ深さの存するは当然である。この事は例えばいま永遠というが如き一つの概念をとってみても、これが真の体認に到るはけだし容易の業とは思われまい。世には永遠というが如き概念は自明であるかに考える人も少くないようであろうが、思えばこの永遠という一概念が、真にその如実において体認自証せられたならば、最早それだけでも一個の体系的世界は得られるともいい得るであろう。否このことはひとり永遠のみに限らず、一切の哲学的概念は、いやしくもそれが真に自証体認せられたならば、そこにはその語を中心とする一個独自の体系的世界が樹立されるであろう。けだし概念は本来無限連関であって、その一つが真の体認自証に到ることは、やがてまたそれと連関する他のすべての概念の体認と自証を喚起するが故である。

かくして哲学的古典に対する理解の態度は、単なる一応の模写的理解に留めず、必ずやこれが体認自証にまで到らなければならぬ。即ちそれは原古典の意味する一応の模写的平面的理解を以って満足すべきでなく、必ずや眼光紙背に徹して、その古典の自証光に照らされつつそこに現実の天地人生に内在する宇宙的秩序を徹見するに至るでなければならぬ。即ちまた一個の体系的世界の洞見にまで至るべきである。同時にここに吾人は、いわゆる哲学的古典が、文学その他の古典と異る特質が存すると思うのである。文学その他の古典にあっては、一応の理解と鑑賞とを以ってもこと足るといい得るであろう。しかし哲学的古典の場合には、単なる鑑賞的態度における模写的理解の平面性に留まる限り、真の自覚的領解とはいい難いであろう。かくして哲学的古典に対する真の自覚的領解とは、まさに躬を以って古典の城壁を透関することにより、そこに自らの体系を自証するところまで至らなければならぬ。即ち文学的古典の場合には、必ずしもそれに触発せられて自らの創作にまで至るを要せず、単なる理解と鑑賞を以って一応十分とし得るであろうが、哲学的古典の場合には、必ずやそれに触発されて自らの体系的自証にまで導かれるでなければならぬ。同時にこのような相違のよってくる所以は、文学的古典は直観の端的な表現であるゆえ、これが領解もまた単なる理解と鑑賞とを以って足るとし得るが、哲学的古典は自証そのものの展開であるゆえ、それは単なる鑑賞の域に留まることなく、必ずやそれに触発せられて、自らの体系的自証の展開にまで至らなければならぬのである。

今如上の精神を徹底せしめるとき、われわれは思索の根本的態度は、ある意味ではこれを次のように言い得るかと思われる。即ちそれはいやしくもわれわれが一人の先覚的思想家に対する以上、必ずや何時かはその体系に触発せられて自らの世界に返照し、そこに自らの体系的世界を展開するに至るべきであるということである。即ち吾人が一人の思想家に学ぶのは、その体系の単なる形骸を模することではなく、いわんやその断片の綴拾に留まることではなくて、必ずや躬をもってこれが透関を了して、そこに現実そのものに内在する宇宙的秩序に承当するでなければならぬ。即ち一個の体系の樹立にまで至るでなければならぬ。かくして例えば真にアウグスティヌスの「三位一体論」を読むということは、これに触発せられて、ついには自らの世界を三而一体的体系に即して自証し展開するに至ることであり、さらにまたスピノザ、ライプニッツ等を読むということは、あるいはスピノザ的静観の体系に、あるいはまたライプニッツ的なる一即多的世界観の体系的自証に至るべく、随ってまた真にヘーゲルの歴史哲学に学ぶとすれば、それに返照せられて翻って自らの歴史哲学体系を得るに至るの謂いでなければならぬ。更にまた東方の儒仏においても真に「大学」を読むということは、現代の形態における真の学問入門が、「大学」を契機として触発展開せられるべきであり、易中庸近思録等を学ぶの真意またもとより然《し》かあるべきである。否邦人として真に哲学的思索に従う者は、更に近くわれわれ自身の精神的先達として、あるいは道元の「正法眼蔵」に、あるいは尊徳の「金毛録」に学ぶべきであろうが、しかもこれらの先哲の遺著に学ぶということは、それぞれその独自の世界観人生観に触発せられて、ついに自らに還り、そこに自己の体系的世界を築くでなければならない。

　哲学的古典に学ぶことの本義をこのように考えて来るときわれわれは、真に一個の古典に学ぶということの如何に容易ならざるかを知るのである。同時にまたわが国の学問界において種々なる古典的大家の名が挙げられつつ、しかも真にその人の体系に触発返照せられて、自家の体系を展開するに至った人の如何に乏しいかを思わざるを得ない。わが国において果して何人が真にカントを学んだといい得るであろうか。真にカントに学ぶということは、単に彼の思想の紹介的著述をすることではない。そもそも紹介的著述というものは、それが如何に偉大なる思想家の紹介であるとしても、畢竟映像を描いて以って足れりとするの謂いである。それは単なる平面的模写に過ぎない。真に一人の偉人に学ぶということは、単なる模写的紹介の平面性に止まることなく、まさに肉を裂き骨を砕いて躬を以って当該思想家の心海裡に躍入し、更にそれを泳ぎ抜けて彼岸に達するでなくてはならぬ。随ってまた一人の思想家の単なる紹介的著述をするということは、決してその思想家の思想を真に継承する所以ではない。世人ともすれば紹介的著述あるの故を以って、直ちに当該思想家の思想的継承者であるかに誤想しやすいが、これ皮相の見たるに過ぎない。今真の立場にたてば、かくの如き輩はむしろ単なる紹介的述作を以って甘んずるの故を以って、真実には却って内面精神の真の継承者ならぬことを自ら露呈し告白するものというべきであろう。

かくしてまた一冊の古典を心読するということは、単に当該古典にのみ没頭することによっては達せられず、必ずやその思想家の一連の著述に親しむの要があり、更にはかく顕われたる体系的著述のみに留らず、それを生み出したいわば体系の原母胎ともいうべき当該思想家の現実生活にまで探り入らねばならぬであろう。今日わが国の学界においては、思想的偉人の伝記というが如きものはほとんど一顧だも与えられぬ有様であるが、卑見によれば学界のこのような傾向が、思想家をして、自らの現実生活に返照せしめるに到らず、随ってまた、その体系的自証にまで到らしめない重大な一因であるかと思われる。プロチノスの「九論集《エンネアデス》」を読む者にとって、ポルフュリオスの物するプロチノスの略伝の如きは、まさに彼の体系創生の真源を語るものとして如何に示唆多きことであろうか。またかのアウグスティヌスの告白録の如きもわが国現時の学界においては、一部思想家の影響によって、単に第十章以後の理論的部分のみが問題とせられ、更にはその時間論のみが抜き読み的に読まれて、第十章にいたるまでの自伝的部分はほとんど措いて顧られぬようであるが、しかし第十章以後に展開せられる深遠な思想も、その真の淵源は、実はそこにいたるまでのかの深刻なる自伝的部分にあることを知らねばなるまい。否ひとり第十章以後といわず、ある意味ではアウグスティヌスの全思想の淵源は、実にこの自伝的部分に存するというべきでもあろう。しからばアウグスティヌス理解の真の基礎は、告白録におけるこの自伝的部分にあり、そしてそれを自己の今日に至るまでの歩みとの対比において、如何に相即照応せしめて解するかに、アウグスティヌスの理解の真の途は存するというべきであろう。

以上哲学的古典に対する真の態度は、単に一応の模写的理解の平面性に留まることなく、まさに躬を以って先人の体系に迫り、更にはかかる体系以前の源頭に溯って、それより自らに返照し来たって、自らの世界を自証し展開するに到るべきであろうが、いま古典を東西両洋に分って考えれば、またそこにそれぞれ趣の相違を見ることもできる。即ち体系的なる西欧の哲学的古典に対しては、かかる体系展開の源泉の一点に溯源して、その真源の体認を得るを要するであろうが、これに反して体認そのままの語録的象徴的表現を主とする東方の古典にあっては、われわれのこれに対する態度もまた自ら異らざるを得まい。即ち体験そのままの語録的象徴的表現である東方の古典にあっては、これを単に断片的感想として理解するに留めず、更に一歩を進めて、そこに内含せられる自得の境涯の体系的自証を試みるでなくてはならぬ。もしそうでなくて、徒らに東方の古典の簡枯蒼老なるリズムに酔うて、そこに内在する理の自証展開を試みるに到るでなければ、その理解たるや畢竟これ模写的反射に留まるというべきであろう。勿論一応の履践《りせん》は、かかる平面的な模写的反射によっても可能であろう。そしてここに易簡なる東方の古典が、かの尨大なる西欧の体系的な哲学的古典に対して有する特殊の意義が存するといえる。が同時に一口に行為というも、そこには実に無量の浅深の別が存するのであって、その深きは古典の平面的理解によるかかる直接的反射ではなくて、そこに内含せられる自得の境涯の自証を内包すべきであろう。いわんやここに考察しようとしつつある立場は、単なる行為の立場ではなくて、行為と相即し、行為に内含せられる自得の境涯の体系的自証を意図する全一学の立場たるにおいておやである。同時にかの尨大なる西欧の体系的古典に向っては、既にも述べたように、逆に体系展開の源頭に溯るでなければ、如何に理解するというも畢竟平面的模写の域を脱し得ないであろう。否厳密には単なる模写さえもその平面的全面には及び得ないというべきであろう。

五

上来述べて来たように、われわれの古典的典籍に対する真の態度は、単なる模写的平面的理解ではなくて、まさに自覚的領解であるべく、更には躬をもって体認自証の域に迫るでなければならぬ。そしてその為には、先きにも一言したように、ひとりその顕れた体系のみに留らず、更に溯って、そのような一個の体系を生み出した原母胎としての、思想家自身の生活をも顧るでなければならぬ。即ちひとり体系的著述のみでなく、その伝記逸話等にも及ぶべく、更には書信の断簡零墨の如きに至るまで、いやしくも自らの傾到私淑する思想家に対しては、点検已まざるていのものがなければならぬ。即ち思想を思想として、単にその顕われた抽象的一面において見るに留まらないで、これをその現実生活との相即において、生ける全体として捉えるでなければ、思想の真の具体性は把握し得ないのである。ここにいたって吾人は、哲学入門の最初に選ばれるべき体系は、勿論人によって如何なる思想家を選ぶも何ら差支えない訳ではあるが、吾人としては如上の立場よりして、まさに「現代の古典」ともいわれる邦人の著述より出発するを以って最捷径と信ずるのである。そしてこのことは、わが国現時の学問界の有するその歴史的意義より、特にかく信せざるを得ないものがある。然らばここにいうところの「現代の古典」とは、如何なるものを意味するであろうか。

そもそも「現代の古典」という言葉は、言葉そのものにおいて既に一種の自己矛盾を蔵するともいい得るであろう。けだし古典という言葉は、それ自身すでに歴史的経過における永き時間の濾過作用を通して生きのびて来た、人類文化の至宝たる意義を有するが故に、これに対して「現代の」という形容詞を附加することは、それ自身既に古典の語と相容れないわけである。だがそれにもかかわらず吾人は、われらの民族は、既に現在においてもやがて後世に至って恐らくは古典となるべき若干の卓れた典籍を有しつつあると信ずるのである。かくいえば人は吾人のこの言葉に対して、如何にもその水準の低さを感ずるかも知れぬが、吾人は必ずしもそうは思わぬのである。否われわれは明治以後今日に至るまでの間に、既に若干の古典的風格を有す思想家を輩出しつつあると信ぜざるを得ない。同時にまたこのことは、思えば何等怪しむに足りないことでもある。けだし維新以後今日に至るまでのいわゆる明治大正昭和の三代は、これをわが国の歴史に見るも、ほとんど空前ともいうべき文運の盛時といわなければならぬ。即ちわれわれはこれらの間において、文学絵画等はもとより、政治軍事等の領域においても、幾多史上に残るべき巨人を輩出せしめている。かく考えれば、もしこの間に何等後世に残るような思想家なしと考える方が、却って大なる奇怪事というべきかも知れぬ。即ち吾人が現代において既に古典的大家を有するということは、必ずしもひとり哲学の世界についていうのみでなく、文化のあらゆる領域において、ほぼ同様にいい得る普遍的事実と思うのである。

すべての道において、真に門に入るというは、必ずしも容易でないが、特に現実生活を通して、その全一的体験の体系的自証を任とする哲学への真の入門は、決して容易のことではないのである。勿論吾人がここに哲学への真の入門というは、単なる某々古典的思想家の所説に対する単に一応の模写的平面的理解の謂いではなくて、如何に乏しくとも、自らの自覚的体験の体系的な自証展開の緒につくをいうのである。即ち自らの思想の体系的展開の一歩を踏み出すに到るをいうのである。真の体系的思想的は、もし一たびその自証の緒についたならば、それは活き物として爾後の展開は、もしその人が思索の努力を怠らぬ限り順正なる発展を見るであろうが、今これに対して最初の緒につくということは、いわば平面より立体への飛躍として、また模写的立場の凝固固定を破砕して、生命の原始流動の大流に初めて身を投入するものとして、最も重大な意義を有するのである。即ち真の入門とは、それまでの模写的理解の平面的立場を一擲して、一個自立の境涯を打開するものとして、最も困難な業であるべきである。同時に一たび自証の体系的展開が緒につくに到れば、種々なる古典的典籍の理解に対しても、既に自らの足場を得ることとなり、とにかくに一個の手掛りを得るわけである。古典の理解の困難なのは、根本的にはそこに内含せられる世界の深大なるによることもとよりいうまでもないが、同時に一面からは、その深さと大いさとを測るべき何等の尺度をも有せざるによるのである。かく考えて来る時吾人は、古今の古典的典籍に向うにあたって、これを領解し受容するための足場として、何よりもまずわが国現時の有する古典的大家の世界より出発すべきを思わざるを得ない。

そもそも邦人の哲学入門として、このようにわが国現時の古典的大家より出発すべきを主張する理由は、まことに一つにして足りないのである。既に述べたところでもあるが、真の体系的思想の理解は、単なる体系的著述のみでは不十分であるが、このことは特に入門前において然りとする。随ってこの意味においても最初からかの西欧の古典的大家に向うよりも、わが国現時の極めて少数の古典的大家より出発することは、それが同民族同時代人として血を等しうし環境を等しくする等の点において、自己に対して最も深き親近性を有するわけである。しかもかかる親近性の有する意義は重大であって、このような親近性の欠けるとき、われわれの理解はそれだけその身証体認の趣を去って、模写的境涯に堕するのである。哲学力表現としての文章の如きも、今日のような過渡期にあっては、未ださまで重視せられるに到って居らぬが、邦人としての真の哲学入門は、ただ邦語を介してのみ出来得るものと信ぜられる。少くとも語法文脈等すべての性質を異にする欧語を介して、真に如実なる自覚の世界に導き入れられるということは、われわれ邦人としては最至難事に属するのではあるまいか。更にまた現存の人ならわれわれは、親しくその風貌に触れその馨咳《けいがい》にも接し得るのである。否更には直接その人に師事することすら必ずしも不可能としないであろう。凡そ思想の現実的領解に際して、その人の風貌に触れその馨咳に接し、更には親しく躬を以ってこれに師事することの如何に重大であるかは、古今の思想史を大観する時、今更言を要しない事柄である。しかるにこのような自明の事柄についてすら、その重大な意義が未だ十分にその自覚に到らぬところに、わが国現時の学問界の空前なるその歴史的意義は存すると思われる。哲学が現実そのものに内在する宇宙的秩序の体認自証である以上、如上種々の現実的制約は、哲学的思索において最も基礎的意義を有するわけである。

　勿論長短の伴うは古今の鉄則であって、今如上哲学の入門をわが国現時の古典的大家より出発すべしとすることには、上掲の長所に対してまたその短とする処も少くないであろう。就中《なかんずく》如何なる人を以って、そのような現代の古典的大家と認めるかの認定は最至難の問題であろう。けだしひと度びこれを誤れば、実に滑稽な一悲惨事となる外ないからである。もっともかくはいうも、現代に生きつつ現在において真に不滅の燈が何処に存するかを知るということは、事実においては必ずしも容易のことではないであろう。が同時にまた「時」の篩《ふるい》にかけられて、その真価が決するということなら、それはいわば自然的必然にも似て決定的であり、そこに何等いわゆる個人的努力を要すべき問題ではない。わが国の現代において、真に不滅なる世界を拓きつつある真の先覚的思想家は何人であるか。換言すればわれらの民族の永遠なる嫡々相承の真生命は、現代においては果して如何なる人々によって嗣承せられ、また何人を通して噴出しつつあるかを認定するところに、思想の世界における真の自己確立への第一歩はある。思索の途に上ろうとする者は、心を改めて先ずこの点より踏み出すべきであろう。否この事はひとり学問とのみいわず、いやしくも道の世界においては、なべて周《あま》ねかるべき具体的真理である。かくして何人を以って現代における真の古典的大家と認めるかに、その人自身の将来たどるべき根本方向の自己決定があり、そこには既にその人のやがて建立すべき世界の礎石は置かれるわけである。しかも現代におけるこのような思想家の認定は、もとより単にわが国現時の学問界のみを見ることによっては決せられない。げに自己の一切を傾けて学の再出発を為すべき真の導光を見出すには、これを極言すれば、実に東西古今のあらゆる思想家の位相を大観するを要するともいえるであろう。また実に事実においてもそうであって、吾人の見るところを以ってしても、現在わが国の哲学学徒の中にも、以上吾人の述べて来た歩みを為しつつある人もないではないが、しかもそれらの人々は、ほとんどそのすべてが、最初からそのような出発をしたわけではなくて、実に幾多の彷徨を、しかも主として西欧の古典的思想家の間に送りつつ、遂にその適従のところを得ないで、如上吾人の述べて来たようなわが国時現の古典的思想家に自らの再生の道を還えり求めたものといってよい。また実にこれは、思想そのものに宿命的な道行きともいうべきであろう。しかもその還えり来たったところが、多くはその昔教えを受けた人の思想であることも、ほとんど揆を一つにするが如くである。しかもこれ何等怪しむに足りないことであって、思想の真の展開は、師嗣の相承たるがその本来であって、このことはひとり東方のみでなく、かの純理の展開を主とする西欧の哲学思想の流の上にも、広義にはまた窺い得る事柄である。思想において師資の所縁の深奥なること只々不可思議というの外ない。

七　体系の生誕

一

以上吾人は、全一学としての哲学の態度及び方法上主要な問題に対して、一応の瞥見を試みたゆえ、本章では、これまで述べて来た処を予想しつつ更に具体的に、一個の体系の生誕を見るまでの如実の道程について考えて見たいと思う。もとより上来述べて来た処のみで、哲学の工夫及び方法の基本的な問題が、尽くされたというわけでは勿論ない。否、畢竟するに工夫は工夫として、どこまでもその思想家自身に個性的人格的なものでなければならぬ。随って又一般的論述はどこまでも一般的論述であって、なるほど一応理に即する組織展開としては可能でもあろうが、如実なる思索の歩みとしての工夫論としては、決して十分なものではない。否、工夫は元来どこまでも個性的なるべきであって、如実に卓れた工夫といえども、人を異にしてはそのままに用うべからざるものがある。しかしながら一応これまで述べて来た処の具体的なまとめとして、以下一個の体系がその生誕に至るまでに、一人の思想家としてほぼ通過すると思われる、如実なる工夫の道程の一端を述べてみようと思う。勿論工夫は屢説のように、どこまでも個性的人格的なものゆえ、如実には一々人によって異り、厳密には人を異にして同一の工夫は存しえない訳であるが、同時に又人間の至心に出ずる如実具体の歩みには、その間おのずから相通ずるものなしとしないであろう。

哲学的思索の第一歩は、何よりも先ず自己の世界観人生観の統一的希求として、いわゆる哲学的希求に始まるのが常であろう。即ち哲学的思索とは、このような漠然たる一般的希求としての哲学的希求が、その自覚的な歩みを開始したものに外ならない。さてかかる意味における哲学的希求の初めて発する時期を、大よそ何時頃と見るかは、人によってその見解を異にするであろうが、これをほぼ二十歳前後と見ることは必ずしも不当ではないであろう。即ち大学の哲学科に入って哲学を修めようとする者は、既に何等かの程度において哲学的希求を抱けるものというべきであろう。勿論哲学的希求は、哲学が世界観人生観の統一的希求である限り、一応何人にもそれぞれの程度で存するということも出来るが、同時に又かかる世界観人生観の統一的希求の発する時期も、人によって多少の相違が存するといい得るであろう。しかしながらここには、このような世界観人生観の統一的希求を充すに、一個の学的体系の樹立を以ってせんとするいわば専門的立場を主として見る時、結局哲学的希求の発する時期は、一応人間の二十歳前後と見て差支えないであろう。

さて哲学的希求の発する時期を、一応この年頃と想定する時まず問題となるのは、このようなウブな哲学的希求、否、憧憬とさえいわれるべきものが、普通には大学入学と同時に、直ちにかの古典的体系の有する巍然たる概念的体系の重圧によって窒息せしめられ易いということである。今日高等学校（旧制）において、いわゆる哲学概論と称せられる無味乾燥な死せる概念の形骸の単なる悟性的排列が、哲学の名を冠して授けられつつあることも、若人の至純なる哲学的憧憬を抑圧し、窒息せしめること大なるものがあるが、それが更に大学の哲学科の入学と同時に、直ちに古典的体系の凝然たる概念組織に当面せしめられる時、嘗ての日の至純なる哲学的憧憬は、あたかも春草の上に、一足飛びに氷雨の来たかのような結果とならざるを得ないであろう。そもそも哲学体系とは、屢説のようにこの現実の天地人生に内在する宇宙的秩序の把握表現であるゆえ、哲学的思索において何よりも先ず要せられるものは、人生の現実に対する体認洞察でなくてはならぬ。古典的哲学体系の如きもその本来よりいえば、実は自己を中心とするこの現実の天地人生に内在する理法の組織を把握する為めの媒介たるに過ぎない。然るに媒介の意義は、常に主体の力量と相即するものであり、随って今それ自身如何に卓越した思想といえども、主体の力量を超過して分に過ぎたるものは、ひとり媒介として無益であるのみか、却って有害な場合さえ少しとしない。

この点に関して思い出されることは、既に一たび関説したことではあるが、従来わが国の大学の慣行ともいうべきカント哲学を、初心の入門者に課することは、果して如何なるものであろうか。既述のようにカントの哲学は、一切の哲学中最もその時期を選ぶべきものというべく、即ち一刻早ければ不消化な残滓を残すべく、又これに反して一刻遅れれば、時既に遅しとの感を与えるていのものである。そしてこの事は、おもうにカント哲学に特有なその形式性と、主観性とに基因するかと思われる。少くともカント哲学は、その概念大系の形式的な点において、又その分量の膨大な点からしても、決して哲学入門書として最適なものとはいい難いであろう。維新以後七十年、各大学の哲学科は天下の俊秀を集めつつ、しかも哲学本来の目的である体系的知見を樹立するに到れる者の寥々として乏しいのは、或はこの大学入学早々のうら若き哲学の憧憬者たちに、かの冷厳無比なるカント哲学を課することもその一因を為すというべきかも知れない。勿論かくいうは、カント哲学を貶するが如き意思でないこと、もとよりいうまでもない。否カント哲学の有するその特有な意義に対して、深き認識を有すればこそ、却って衷心よりこの言を為さざるを得ないのである。即ちカント哲学は、その根本性格において、単なる哲学入門者にとってはふさわしからざるもの、否、最もふさわしからざるものというべきかも知れぬ。

しからば哲学入門者の最初に先ず触れるにふさわしいものとは、果して如何なるものであろうか。勿論哲学は自己の生命の根本自覚に外ならぬゆえ、その自覚の媒介として如何なる体系が適当であるかは、畢竟、思想家自身の個性がその身証体認を通して決すべきであって、外部からこれを一般的に論じ得べき性質のものではない。しかしながら今強いてこれに対して一言すれば、ギリシャにあってはプラトンよりプロチノスに到る自覚の円環、又中世にあってはアウグスティヌスよりトマス更にはドゥンス・スコトゥスに至り、又近世初頭にあってはデカルト、スピノザ及びライプニッツ等の偉大な形而上学説は、われわれ東方民族の資質と伝統とを顧みる時、哲学入門として少くともカントに比してよりふさわしかるべきを信ずるのである。尚この外にカント以後のドイツ観念論の人々をも挙げ得るであろうが、しかしこれ等の人々の教説は、周知のように何れもカント哲学における自覚の形式を通過した自覚の形而上学とも称すべきものであり、随って一面からはより適切であるといい得ると共に、他面又初学入門者の現実としては、その理解において幾多の困難あるを免れぬともいえるであろう。かくして吾人は一応先ずカント以前の人々を介して、ささやかながらも自らの一天地を劃《かく》し、しかる後初めてカントの主観化の教説に照らされて、自らの体系を浄化するを以って便なりと考えるものである。又かくすることによって、始めてドイツ観念論の諸家の体系へも、比較的容易にその内面的連続を辿り得るかと思われる。

同時に以上に関連して尚一つの注意すべき重大な事がある。それはかのウブな青年期に特有な哲学的憧憬を、急速不自然に冷却せしめ、更にはこれを窒息するに到らしめない注意である。そもそも哲学が現実の天地人生に内在する実理の顕彰にある以上、哲学体系の生誕は、決して容易のことではないのである。もとより体系の生誕には、思想家自身の天稟も与って力あるはいうまでもないが、そこには更に思想家自身の年齢が、不可避の制約となることも看過し難いかと思われる。卑見によれば哲学体系の生誕は、少くともわが国にあっては、先ず三十五歳前後から四十歳に到る間に、ほぼ醞釀《うんじょう》し凝結するに到るのが一般のようである。そしてこの事は又かの孔子の不惑の言とも思い合せられるものがある。まことに人はその現実生活において、何等かの趣において不惑の境に与るでなければ、真に万人を承服せしめるような体系的知見の獲られようはずはないのである。さればプラトンも周知のように、その「理想国」の組織においては、哲学は二十代の青年には学ばしめず、二十代の十年を現実界の諸領域に関するもろもろの知見を与えた後、特にその資質の卓越した俊秀者のみを選んで、三十歳以後初めてこれに哲学を授くべしとしているのであって、このプラトンの古意は、今日改めて三省せられるべき深意を含むと思われる。

如上の意味からして吾人は、哲学の入門期にある人々は、かの自らの体験を以って証し得ないような概念の枠に自らをはめ込む前に、先ず諸々の雄大な芸術作品に接すると共に、又青年期に特有な種々の精神的苦悩に対しても、その解決を一応宗教的世界に求むべきかに思うのである。げに芸術と宗教とは、既にヘーゲルもその体系において明示しているように、哲学以前における最も重要な教養の二大段階というべく、これを極言すれば、芸術及び宗教に関して、何等の関心をも有しないような者は、真に哲学の世界に入り能わざるものというべきでもあろう。げに芸術は、その感性による具体性において、宇宙的生命の全一性を最も端的明白に示現し、又宗教は人間生命の根本転換を通して、宇宙的生命への最深なる契当を与えるというべきである。随って芸術と宗教とは、哲学的自証にとって至要な素材であると共に、又実にその最根本的な足場ともいうべく、如何に深遠精緻の論理といえども、単なる論理の力を以って、人間を絶対的生命に触れしめることは出来ない。かくして古典的哲学体系の有する意義は、このような広義における宗教芸術的体験によって把握し体認し得た絶対的生命の趣を、親しく自らに証するための媒介的返照光たる点にある。しかるにこの事に気付かずして、何ら芸術及び宗教的経験を有せず、単なる哲学書の繙読《はんどく》によって、いつかは一個の体系的知見に到り得るかに想うが如きは、誤れるも亦甚しきものというべきであろう。

二

現在わが国の大学における一慣行たるいわゆる卒業論文なるものが、何等かの意味においてその人の終生を支配するということは、一般にもいわれ又実に世上の事実も、或る程度この言葉の真理性を証するもののようである。もしこの一般的通則の破られるが如き場合があるとすれば、それはその人が学窓を出てから根本的に、その思索の再出発を仕直すような重大な経験に出逢うた場合が多い。かくの如くであるが故に、学窓時代における卒業論文の題目の決定は、一人の人間にとってまことに軽視すべからざる意義を有つともいえる。即ちそれは最も深く自己の資質に適したものを、自己の最深の内的要求に照らして選ぶべきであって、いわゆる指導教授の好みの如何によって左右されるべきでないことというまでもない。又いやしくも大学において学生指導の任に当る人は、その識見宏博であって、如何なる種類の問題に対しても、一応の理解と同情とを有することが望ましい。さあれ有限存在としての人間にあっては、あらゆる問題に対して、真に博大深厚なる理解と同情とを有つというが如きは、まことに至難事といわねばならぬ。随って指導教授が、すべての学生の問題に対して、悉く平等の理解と同情とを有つということは、理想ではあっても、これを現実としては容易に期待し難いこととというべきであろう。かくして真の哲学入門としての功利超脱の一境は、現実には先ずこの論文題目の選定の一事によって開かれるともいえるであろう。

さて上述のように卒業論文は、多くの場合その人の終生を貫く根本方向を決定する力を有つといえるが、しかもこれは単に一応のことであって、人が卒業論文において扱った問題から、自らの体系的萌芽の生誕に到るは、必しも容易とはいえない。否そこには幾多の模索と彷徨の歩みが続けられなければならぬのである。一個の体系の生誕は、屢説のように、自己を中心とするこの現実の天地人生に内含せられる宇宙的秩序の体認自証に外ならぬが、しかもその為には、何よりも先ず自覚の媒介として、自己の資質にふさわしい一個の典範的体系を発見する必要がある。なるほど卒業論文というが如きも、かかる歩みへの最初の萌芽的意味を有しはするが、しかも現実には人は卒業論文以後、何等の彷徨もなしに、一路直ちに自らの体系的生誕に到り得るものではない。かりに体系生誕の基本的媒介となるものが、既に卒業論文として選んだものである場合でさえ、人は卒業論文より直ちに自らの体系的生誕へ一路直行するのではなくて、その間幾多の模索と彷徨とを続けた後、ようやくにして再び旧との処へ還えり来たるというが常である。即ち自覚的還帰であり復帰である。恐らく一人の思想家が、自らの過ぎ来し方を顧りみて、最も苦悩の多かった思い出に富むのは、このような卒業論文以後に始る模索と彷徨の幾迂曲の歩みであろう。

さて如上模索と彷徨とを誘発する原因は、もとより一つにして足りないが、今その主なるものの一つとして、学友相互間の接触を挙げることが出来るであろう。即ち今一人がヘーゲルを読んでいると聞けば、自分もヘーゲルを読まねばならぬかの如く思い、又一人がスピノザを読んでいると知れば、自分もスピノザを読まずに居られぬような思いを、初心の間はし勝ちなものである。かくして卒業後、大学の所在地にあって研究を続けるということは、勿論そこに種々なる刺激と指導開発を受ける便あるはいうまでもないが、同時に他面亦如上彷徨の誘因を受けることも決して少くはない。けだし人間の力には限りがある故、一人の身で、人々の為しつつある処のすべてをしようとすれば、ついに何事をも為し能わざるに了るは明かである。知友相互の接触の有意義なことはもとよりいうまでもないが、同時に又それによって喪う処のあることも又これを忘れてはなるまい。即ち人が相互の接触によって互に相裨益するは、お互が既に自立し得た後のことであって、十分に自立し得ない者同志の相互接触は、時としてはかの泳ぎを知らぬ者同志が、互に深みに陥りゆくにも似た結果を招来することとなしとしない。この意味からは、学窓を出てから何時までも同一学園の影響下に永く留ることは、却って真の自立を妨げ、独自の一路を拓くことを妨げることとなしとしない一面もある。

彷徨を誘発する今一つの重大な原因となるものとして、吾人は専門的な学術雑誌の存在を挙げざるを得ない。世上普通には哲学専門雑誌の意義については、嘗て反省的論議を耳にしないが、卑見によれば哲学専門の雑誌は、或る意味では功罪相償うものというべく、更にそれが初学の者に与える影響は、却って有害な方が多くないであろうか。そもそもわが国の哲学界が幾多の俊秀逸材を集めつつ、しかも独自の体系的思想を展開するに到る者の乏しい根本因由は、恐らくはいわゆる学界なるものが考えられ、そこに行われつつある流行的風潮が、若い人々の思想的自立を喪失せしめて、これを流行の大海中に没し去ることに基因するかと思われる。しかもいわゆる学界なるものは、いわば無形の観念的圏域に過ぎないのであって、これが現実地盤としては、畢竟するに、専門的学術雑誌等によって醸し出されるものというべきであろう。哲学入門期にある人々が、専門の学術雑誌を耽読して、種々なる角度から色々な断片的な紹介論文に接せしめられる時、未だ十分に自立にまで到らないうら若き魂に対しては、それらは徒らに乱反射的な惑わしとなって、その心を散乱せしめることであろう。そしてそれは、いわゆる文字というものの有つ魔術性のゆえに、或る意味では先きの学友相互の交渉と比べて、より重大な影響力を有つともいえるであろう。

そもそも専門の学術雑誌の意義の尊重されるは、主として自然科学の領域であって、広義の人文科学的世界ではないはずである。このことは、これまでわが国の学問界においては、さまで問題とされて居らぬようであるが、重大な意義をもつ一問題というべきであろう。けだし自然科学の世界は、その本性からして、一応は最新なるものこそ最も真なるものといい得るのである。随って自然科学の領域にあっては、一つの新たなる発見は、それを一冊の書籍として組織の体裁を整えるを待たず、先ずその業績の大要が学界に報告されるのである。かくして一面には、発見者の歴史的功績を一般に確認せしめると共に、又同一の事項に関して、ほぼ同一の方向から研究しつつある幾多の既知未知の研究者に対して、少くとも同様の立場による研究が、重複の徒労に終るを戒めて、これを中止させ得るわけである。随って自然科学の領域にあっては、学術雑誌の有する意義は、いわゆる著述に比して遙かなる優位を有つというべきである。しかるに今人文科学、特に全一学としての哲学の領域にあっては、その全一性のゆえに、いわゆる部分的な点で最新だからとて、自然科学におけるように、必ずしも最真であるとは限らないのである。全一学における最も真なるものとは、一人の人格がその全生命を傾けて、自らの生命に内在する全一性を、身を以って体認自証する処に初めて得られるのであって、それはいわゆる断片的紹介論文等のあずかりうる世界ではないのである。このように考えて来るならば、哲学の入門期にある若き人々に対して、彷徨の誘発因を為す最大なものは、恐らくはいわゆる学術雑誌の紹介論文というべく、随ってかかる彷徨よりの離脱は、或る意味では学術雑誌の繙読を、一時的に遮断することであるともいい得るであろう。しかもこのような学術雑誌に対する一時的遮断は、積極的には後にも述べるように、結局一人の思想家に向って身を以って沈潜することによってのみ可能である。

かくして人は自らの体系的萌芽の生誕に到るためには、必然に先ずその肌合いが、自己に最も親しい一人の思想家に沈潜しなければならぬが、しかもそこに到るまでには、一般に幾多の模索と彷徨の幾迂曲を経なければならぬようである。そしてこの事は、かりにその一人の思想家への傾倒が、自分にも予めほのぼのと気付いているような場合ですら、尚かつ容易に一路端的にその一人に沈潜するを得ないで、彷徨の幾迂路を辿るを通例とする。しかしながら、同時に又このような模索と彷徨の幾迂曲も、人生の他のあらゆる場合のそれと等しく、必ずしも無意味とはいい難い。否一人の思想家への沈潜に先き立つこの模索と彷徨の旅路において廻り逢った諸々の人と事象とは、やがて将来自らの体系的茅屋を建てるに際して、直接間接にその資材となるべきものと思われる。否卑見によれば、人は或る意味ではその処女作以前において、その人が生涯においてて関りのあるべき大体の思想家と問題に関して、少くともその種子又は萌芽の程度にはこれを摂取し、その位相を明かにするともいい得るであろう。けだし一人の思想家が、その生涯にわたって展開する世界の根本基劃は、既にその処女作においてほぼ定まるともいい得るが故である。即ち人はその処女作以前の可能態である、かの模索と彷徨の時期において、将来自己と関わりのあるべき天地人生の諸問題に対して、予めその大略の定位を試みるもののようである。

上述のように、人がその処女作以前において、一人の思想家への沈潜に到るまでに避く可からざる模索と彷徨とは、やがて他日その人の世界を豊かに構築するための資材となるのである。かくして思索の上における模索と彷徨の幾迂曲も、決してこれを無意味とはいい難いのである。しかも一面模索はあくまで模索であり、彷徨はどこまでも彷徨であって、これを順路とはいい難い。さればわれわれは、このような模索と彷徨の歩みからの離脱の一日も速からむことを念じなければならぬ。それについて思わしめられることは、なるほど上述のように、一人の思想家への沈潜に到るまでの模索と彷徨は、或る程度不可避であり、又必ずしも無意味とはいい難いが、しかもそれが如上の意味において肯定せられるためには、それは必ずや常に自らの内面至深の希求に発するでなければならぬ。彷徨がいわゆる「魂の彷徨」として、常にその人の内面至深の希求に発するものである時、その彷徨の旅路において出逢う一切の人と事とは、やがて又自らの世界を築くにあたっては、面を換えて現われ来たって自らの世界を荘厳するの資となる。これに反して、もしその彷徨が単に流行その他の外的誘因によるものであるならば、たとえ当座は華やかなものであったとしても、それ等は何等自らの内面に根を下すことなく、結局時の経過と共に泡沫の如くに消え去るの外ないであろう。

三

かくしてわれわれは、自己に内在する「全」の自証として、自らの体系的展開の第一段階に到るには、何よりも先ずそれまでの「多」を捨てなければならぬ。即ちわれわれは、自らの内面的自証に承当するには、一時いわゆる哲学専門雑誌の惑乱より離脱することも、亦その要があるかも知れぬ。否更にはいわゆる古典的大家の饗宴からも、身を退かなければならぬともいい得るであろう。かくして一切の「多」から身を退いたわれわれは、ここにそれらの多様に換えるに、新たなる「一」を以ってしなければならぬ。即ち旧き「多」は、徒らなる生命放散の乱反射的刺激に過ぎなかったが、新たなる「一」は、げに生命再生の途として全的統一への道であり光である。即ちわれわれは此処に改めてその肌合いにおいて自己に最も親しき一人の思想家を選び、自らの一切を挙げてこれに沈潜しなければならぬのである。すべてを捨てて「一」に帰するとは、やがて又その「一」を通して一切を得る所以でもある。即ちその「一」に向って自己の全体を傾け尽すところ、やがて又その「一」の有する一切を、自らに得る所以でもある。われわれが徒らにいわゆる学術雑誌の乱反射的反射光に惑わされている間は、眼は常に自らの現実生活を遊離する空華に趨せ、決して己が生命の至深の問題に承当することは出来ないのである。又たとえその対象が古典的大家の典籍であるとしても、もし身を以って一人に沈潜しないで、諸々の思想家の間を彷徨している限り、それらの人々の雄大なる体系も単にその断片の比較綴捨に了って、とうていそれらの思想家の内面的自証光に返照せられて、自らの自証に還えることは不可能であろう。

そもそも哲学は全一の学として、この現実界裡に内在する宇宙的秩序を、それぞれの角度より把握し表現するものというべく、随ってその本来よりいえば、哲学は元来この現実界の諸相に内在する一切理法の全的統一でなければならぬ。しかしながら有限なるこの地上的現実としては、哲学といえども一切の理法の真の根本統一たるの意を具現するは容易でなく、随って如何に偉大なる思想家といえども、結局自らの個性的限定に即する若干の主要問題の解明を通して、この意を果すに過ぎないのである。しかしながら、このように若干の限られた問題に即しつつ、尚よくそれが理法の全的統一たるの意を宿し得るのは、そのような若干の主要問題も、その根本統一の一点は思想家自身の身証体認として、何等かの趣で絶対的生命に承当する処に得るがゆえである。かくして哲学的思索において、体系構成の主要要素たるいわゆる「問題」は、思想家自らの現実生活上、最も深刻切実な問題たるべきである。随って又それらの「問題」の根本統一も、畢竟自らの生命の全的投擲に即して始めて証得せられるべきである。世上よく「哲学を学ぶには何か問題を持たなくてはならぬ」などといわれるが、しかしその場合問題とは、いわゆる学術雑誌などを賑わす流行の問題ではなくて、まさに自己にとって最も深刻切実な生命の根本問題でなければならぬ。故にもしこのような切実な生命の問題がないというならば、既にそれだけでその人は、真に哲学を学ぶ資格なきものというべきであろう。げに哲学は自らの生命の生死の根本問題というべきであって、人は哲学によって始めてそこに死を通って再生する光と力とが与えられるでなければならぬ。ゆえにかの哲学を学んで厭世観を生じ、その極遂に自殺するが如きは、なるほど一応その外見上からは、哲学に生命を賭けたものとして、たしかに笑うべからざるものではあるが、同時に自殺するの外途なきに至るは、断じて真に正しく哲学を学ぶ者とはいい難いであろう。否、真の哲学は、逆にそれなくしては自殺の外ない者をして、これあるによって、真に再生せしめるていの生命新生の光でなければならぬ。

真の哲学が、如上全一性の体系的自証である限り、真の哲学的思索は、よしそれが如何に古典的な大思想家であろうとも、かの百花を飛び廻って蜜を吸う胡蝶のそれのように、徒らに多くの古典的大家の哲学的饗宴の間を彷徨して、あちらを一瞥し又こちらも一瞥するというような散乱放心態に止まる限り、自らの生命に内在する絶対生命の全一性に承当するが如きは、とうてい望むべくもないであろう。かくしてわれわれは、一時哲学的饗宴の華やかさより身を退いて、一人静かに自己に最も親しい一人の思想家の世界に身を以って沈潜しなければならない。総じて生むというは、放散惑乱の境においては不可能であって、必ずや自らに収蔵する処がなければならぬ。かの鶏さえも、いよいよ卵を産む時期になれば、陽光乱反射の世界より身を退いて、静かに自らの巣に巣ごもるのである。勿論この場合華かだった哲学的饗宴を決して無意味であったというのではない。けだし何れが真に自己に親しい思想家であるかの認識は、結局ある程度、哲学的饗宴の世界を展望することによってのみ可能だからである。しかしながら多は畢竟するに散乱惑迷であって、真に自らの世界を得んと欲する者は、ついに一切の自己ならざるものを投擲し去って、自己に最も親しい卓れた「一」に向って、自己の一切を捧げるでなければならぬ。そしてこのような仮幻散乱としての「多」の全的投擲としての欲念の捨離においてこそ、哲学的思索の真の現実の一歩は踏み出されるのである。

さてこのような「多」の全的投擲に即してとらえられる一人の思想家の選択は、いうまでもなく最も厳正でなければならぬ。何となればこの一人の決定こそ、かの卒業論文などというが如きものを遙かに超えて、自らの全生涯の方向を規定する最大の問題だからである。即ちこの一人の決定こそ、自らの体系的萌芽の生誕に対して、真に決定的影響を与えるのである。随ってその選択の基準は、自らの生命の最深至高の希求に従うべきこと今更いうまでもない。即ちいわゆる流行に支配せられないばかりか、一切の功利打算を超脱して、まさに自己の全生命を賭けて選らばれるべきであろう。この点においてわが国現時の学問界の趨勢は、果してかくの如くであるであろうか。そこにはいわゆる学界の流行、その他種々なる第二義的なるものによって、選択の基準の厳正さが暗まされつつあるが如きことはないであろうか。そもそも真の生命を得んと欲する者は、何よりも先ず自らの全的生命を賭けるでなければならぬ。即ち自らの生命の黒闇を破って大生命の真光に触れようと欲する者は、そこに自らの一切を擲って悔いるなき、一人の偉大なる魂を発見しなければならぬのである。そしてその偉大なる魂に向って自己の一切を帰投するところ、そこに自らの生命は必然に新たなる再生を得るに到るであろう。

かくの如くであるがゆえにわれわれは、もし自己の一切を帰投して悔いるなき一人のすぐれた思想家を発見したならば、自らの一切を捧げ尽す心の虚しさにおいて、その一人の「人」に学ばなければならぬ。今日わが学界の風潮を見るに、いたずらに多くの古典的思想家に関する断片的知識を求めるに急であって、このように至心に帰敬する一人の思想的偉人を求めるに緩なるようであるが、一個の体系的知見の真の領解は、決してかかる心の散乱態によって得られるものではない。体系的でない、いわゆる素材的知識の場合には、そのような態度も必ずしもとがむべきでないかも知れぬが、全一としての体系的知見を求める哲学的思索にあっては、厳密には同時に多くの異体系については学び得ぬともいい得るであろう。かくして一個の体系的知見を真に自らに領解し得んがためには、われわれは一切の成心を捨てて、先ず自らの帰敬する一人の思想家の有する体系を、その全一態において領受すべく至心の努力を致すでなければならぬ。即ち元来それぞれの立場において完態であるべき全一体系は、容易に部分的な取捨綴捨を許さないはずである。特に未だ自らの体系的知見に達しない者に対してはそうである。かくしてわれわれは、自らの選びとった一人の思想家に対しては、一応一切の批評的態度を投擲して、その全一体系の全的領解を試みるでなければならない。そしてこのような批評的態度の放棄において、われわれは、我見の全的否定としての真の哲学的思索の歩みを、その現実の一歩として進めるのである。世には哲学を以って、批判知に成立するかに考える向きもあるようであるが、真の哲学知は、自得の境涯の体系的自証として真の自覚知であり、随ってこれが獲得のためには、われわれは何よりも先ず半知半解としての批評知を投擲しなければならぬ。否自らをその批判的態度の高台上より飜身一転、身を躍らして現実の大海に向って帰投し去るでなければならない。

しかしながら、如上一人の思想家の全一体系を真に領解するには、単に顕としての体系そのもののみに着目している限り、真実には遂に不可能という外ないであろう。けだし展開せられた体系そのものは、畢竟未だ顕の一面に留まるのであって、その背後には必ずや如是の体系的知見を、この現実生活裡に自証しつつある一個の生ける「人間」が存すべきだからである。随って今一人の思想家の有する全一体系を、真に根本的に了解しようと欲する者は、その顕われた体系面の皮相に執してこれに留まることなく、更に眼を深大に放って、そのような体系を生み出した、その背後の「人」と「生活」とに着目しなければならぬであろう。未だこの一点に着眼しない限り、如何に巧みにその顕われた体系面の平面的模写を試みようとも、畢竟これ単に生命なき映像の域より一歩も出ずることなきものに過ぎない。この意味においては、当該思想家の伝記逸話はもとより、更には書翰の断簡零墨等に至るまで、その一々が真に看過す可らざる深意を有つ。かのプロチノスの「九論集《エンネアデス》」の宿す体系の領解にあたって、弟子ポルフュリオスの物した短い伝記が、如何に示唆多きかはまことに知る人ぞ知る処である。かくの如くであるがゆえに、又もとより主要著作の単なる一、二の吟味を以って了れりとすべきでなく、主要著作のすべてを尽くすの外、或は一般にはさまで注目せられない初期の著作を顧みて、そこに体系展開のウブなる源泉に触れ、或は啓蒙的著作に接して、体系的知見の根差す現実の母胎を探る等々、文字通り自己の一切を捧げ尽すでなければならぬ。一人の思想家を解するにあたって、その処女作によって与えられる処の如何に大なるかは、けだし何人も知る処であろう。

今このように考えてくれれば、自らの体系的萌芽の生誕以前に、自己の一切を傾けて沈潜すべき思想家が、ひとりその肌合いにおいて自己に最も親しいのみでなく、更には自己とその民族をも等しくするを得たならば、まことに幸いというべきであろう。否更にそれが、もし自己と同時代に生きつつある人の中に見出し得たとしたならば、けだし人間無上の幸慶というべきである。かくいえば西欧哲学移入の過渡期にある今日にあっては、このように自己の全生命を帰投して学ぶべき真の思想的偉人を、わが国の現在に求めるということは不可能と思う人もあるであろう。勿論わが国における新たなる形態としての全一学の領域において、真に自らの世界を創建しつつある人の乏しい現在にあっては、かく考えるのも一応無理からぬことではあろう。しかしながら既に述べて来たように、今日われわれの有する若干の先覚的思想家の有する歴史的位置は、恐らくは今日われわれの想像以上に高くしてかつ大なるものがあるであろう。又かりにこの事に対する是認如何は別としても、自己と同時代の卓越せる先覚者を師として帰敬学道することは、わが古来の伝統であって、今さら何ら事新しいことではないのである。げに如実なる生命の自覚は、身を以ってする師教への帰投によって初めて得られるとして来た処に、わが国古来の学の伝統はあるのである。

吾人が此処にこのようにいうは、もとよりこれに執すべきを主張するでないことはいうまでもない。殊にわが国の現在のような学の移入の過渡期にあっては、西欧の古典的大家を典範としてこれに帰投し沈潜することは、その学の規模を雄渾深大ならしめる上において、実に大なる効があるであろう。この事は例えば今漢詩を学ぶにあたって、それが如何に名家であっても、ついに和臭を全脱し得ない邦人詩家を範とすべきでないというに似ているともいえるであろう。しかも又飜って考えれば、吾人が自らの哲学的思索を通して希求しているものは、かの漢詩の習得におけるが如き単なる彼れの模写に了るべきではなく、まさに自らの生命を懸けて、これが体系的自証を得るにある。とまれ一人の偉大なる思想家に沈潜することは、これを理に析《さ》いていえば、その思想家の教説に照らされつつ、ついに自らの生命に返照して、これを自証し得んが為の至要の媒介だからであって、それ以外の何物でもないのである。かくして真に一人の体系に学ぶの要諦は、畢竟如実返照、如是自証以外の何物でもない。しかもそのような返照の真の焦点が、自己の現実生活そのものである限り、かかる返照光の反射鏡ともいうべき先覚的思想家における如是の真趣を窺うことは、自らの思索返照の上に、容易ならざる力となるは、今更いうを要しない。かくして師とはこの意味において、まさしく自らにとっては真理の具体現たるの意義を有つ。即ちその起居言動の一々は、常に何等かの意味でその体系の現実的自証たるの意義を有つが故である。かく考えて来れば、人がその体系的自証の第一歩を踏み出すにあたり、その最初の根本返照光として、自らを帰投すべき一人の思想家とは、これを最具体的には、畢竟わが国が現在に有つ若干の先覚的思想家に帰するというべきであろう。又現に近時わが国の学界において自家の体系的萌芽を示しつつある少数の思想家の歩みが、事実の上にこの現実の真理を有力に実証しつつあるかに思われる。

四

以上吾人は、自らの体系的知見を求めて模索と彷徨のうちにいる者は、その混迷より脱して一個の体系的萌芽に到り得んがためには、先ず徒らなる哲学的饗宴より身を退き、一切を投擲して最も深く自らの生命に契当する一人の偉大な思想家に向って、自己の全生命を帰投沈潜すべきを説いたのであるが、しかも真の哲学体系は、単なる概念の抽象的な模写映像ではなくて、自己の生命の自証裡に、万有の秩序を自称する如実知見でなければならぬ以上、このような一人の思想家への単なる沈潜投入を以って、直ちに体系生誕への最後の関門とすることは出来ないであろう。即ち体系生誕への真の最後の関門となるものは、単にこのような概念的体系に留まるのではなくて、実に如是の体系を内包するこの無限なる現実そのものへの真の開眼でなくてはならぬ。即ち如何に真摯篤実な研究者といえども、その思索と研究とが、単に書籍上の概念的理法の形骸への着目、ないしはその吟味に留まって、その背後の現実そのものへの開眼に到らない限り、畢竟これ模写的映像の域に留まるのであって、いまだ自らの体系的知見の生誕には到り得ぬものといわねばならぬ。そしてこの一点にこそ実に思想家にとって、その体系生誕への最後の関門があるというべきであろう。

そもそも真の哲学とは、自己を中心とするこの現実の天地人生に内含せられる宇宙的秩序を、自らの生命の自証を介して把握し顕彰するの謂いであって、もとより単なる先哲の教説の模写綴拾に留まるべきではない。かくして先哲の教説、更には師教が自己に対して有する真意義は、自己を中心とするこの現実の只中に内在する宇宙的秩序を、その光に返照されて自ら体認自証すること以外にはない。即ちその意味からは、それは自証に対する媒介としての一返照光に過ぎぬともいえ、かくしてここにいわゆる歴史研究家と、体系的思想家との截然たる界線が見られるわけである。今史的研究者にとっては、歴史的なる古典的文献こそ実にその第一義的資料たるはいうまでもないが、体系的思想家にとっては、この現実界こそ実に何物にも換え難い第一義的資料といわねばならぬ。されば体系的思想家にとっては、この現実界こそはその一切であり終始であって、このような現実そのものに対せしめれば、古典的典籍というが如きも、畢竟それぞれの角度よりする一種の側面鏡に過ぎぬともいえるであろう。かくして乏しくとも自らの体系的知見を求めて、自己の一切を擲ち、最も自己に親しき思想家に沈潜帰投する者にとって、その最後の一関ともいうべきものは、即ち単なる概念の組織を超えて、その背後の現実そのものを徹見し、かの書籍上に記された概念の組織は、実は現実そのものの包蔵する無限なる宇宙的秩序のそれぞれの角度における一返照に過ぎないことを確認するにある。即ち又これを換言すれば、如何にしてかの書籍上に記されている概念的組織が、この現実界に内含させられている宇宙的秩序の如実反映というべきか、その如是照応の趣を自証するに在るともいうべきであろう。

しからば現実への開眼のこのような最後の一関ともいうべきものは、果して如何にして超えられるであろうか。或る意味ではこの一点にこそ、哲学的思索における真の根本的難関があるかと思われる。吾人はこれを端的には、思想家自身が身を以って悩みつつある現実の苦患こそ、実にこの最後の一関を開く鍵であるかに考えるのである。そもそも人が自己を囲繞するこの現実界に連なる中心としては、一応家・職分及び国家の三つをその主要なものとして考え得るであろうが、しかもそれらが自己にとって真に深刻切実な問題となるのは、それが自己に対して絶対必至の問題として臨んで来るところに始まるのである。今現実というとき、何人かこの現実の大海裡に存しない者があるであろう。かくして現実は一応何人にも自明なるが如くでありつつ、しかも事実においては現実界ほどその内容の無限に豊富複雑なものはないのである。これ真に現実の実相に徹するためには、屢説のように、その返照光として先人の体系的知見を要する所以である。しかもこのような先人の体系的知見が、真の返照光として現実そのものの秘奥を照破するには、かかる先人の体系的知見と、現実の実相そのものとの如実照応が自証されるでなければならぬ。しかもこの一境に参じ得るためには、人はこの現実生活において当面する自らの苦患を介して躍入する外ないであろう。

かくして真に体系的知見を求めようとする者は、或る意味では眼を先人の体系的組織から、現在自己が当面しつつある現前の苦患を介して、現実そのものに転じて来なければならぬ。これ世上真に哲学を学ぶ者は、一度は哲学を放棄しなければならぬと言われる所以である。ここに哲学を放棄するとは、もとより哲学そのものを放棄し去るというのではないが、しかも従来哲学と考えて来た先人の体系に対する模写的態度を一擲し去るをいうのである。かく模写的態度を投擲して、現在自らが当面しつつある現前の苦患を介して、現実そのものに直面する時、われわれは先きに投擲し去ったとした処の先人の体系的知見の如是相が、今や単なる書籍面上の閑文字ではなくて、自らが最も深刻に当面しつつある現実そのものに内在する、儼乎《げんこ》として動かす可らざる実在的秩序に外ならぬことに開眼せしめられるのである。しかもこの時そこに見られるものは、もはや単なる先人の教説、ないしは師教の映像ではなくて、今や身を以って自らが自証しつつある現実そのものの実相に外ならぬ。即ちここに先人の教説は、その形骸に資することによって、今や自己を中心とするこの現実界の実相を照破する如実知見となるのである。

一たびこの境に達すれば、これまで単なる概念としてしか理解し得なかった諸々の先人の教説も、今やその一語一語がこの現実の実相に対する如是の表現なる旨が明かとなると共に、又従来全く統一を有し得なかった自己を囲繞するこの現実界裡の諸々の出来事も、今やその一々が、起るべき因あって起ると共に、又果を結ぶべき必然の存することに目覚めるのである。否更にはこれまで支離孤在の相にあった事物相互間の無量の矛盾にも実は無限なる相互連関が存し、この現実界は一見如何にも混乱支離滅裂を極めるかに見えつつ、しかもその根本においては、一大統一下にあることも次第に明かとなるであろう。吾人は先きに一人の思想家への沈潜帰投の要を力説したのであるが、真に一人の思想家の体系的知見に照らされつつ、この現実界の如是の実相の一端を把握するに到るでなければならぬ。同時にいやしくも体系的思想家の立場にたつ限り、この一境に参じない限り、たとえ一人の思想家の文献的知識において如何に詳細を極めようとも、未だ真に体系的思想家の立場に立つものとはいい難いであろう。随って、史的研究者はもとより別であるが、いやしくも体系的思想家を以って任ずる以上、自らの沈潜する思想家の体系に対する紹介的解説書を物する程度では、いまだ真に身を以ってその思想家に帰投するものとはいい難いであろう。けだし真に一人の思想家に身を以って沈潜帰投するとは、単にその概念的体系に対して、平面的な模写的解説書等を草することではなくて、その思想家の体系的知見に返照されて、この現実界の如是の実相が仄《ほの》かに見えそめるでなければならぬ。かくしてかかる返照光に照し出された現実界の実相を把握するに到って、初めて自らが典範として来た先人の教説に、身を以って学ぶものといい得るであろう。これに反してかの自らが沈潜する思想家の紹介解説の如きものを以って甘じ得る程度の理解は、尚、平面的理解の立場に留まるものというべきであろう。即ちその理解は未だ半知に留まるがゆえに、その背後に透徹して現実そのものを照破し能わないのである。されば世上にいわゆる紹介的解説書というが如きは、畢竟その理解が未だその背後をつらぬく全的洞察に到らないで、単なる半面のままで反射するものというべく、又実に世上の事例も、吾人のこのような見解の偽でないことを証して余りがある。

五

如上われわれが一人の思想家に真に帰投し沈潜するということは、ついにはその光に照らされて、自己を中心とするこの現実界そのものの内面に儼たる宇宙的秩序の流行を観ずるに到るの謂いでなければならぬ。同時にこの時、それまでは単なる概念の書としか見えなかった諸々の先哲の古典的典籍も、その概念的形態の背後、直ちに永遠的生命の如実なる呼吸が聞え始めるであろう。今このような境域に達すれば、それはそのまま既にその人における体系的萌芽の生誕というべきであって、他日展開せられる一切の体系は、実は既にその原始胎動の中に醞釀せられつつあるというべきである。しかしながら、自証はこれを厳密には、単にいわゆる自覚ではなくて、自己の真理性の確証にあたり、文字を介する体系的展開を伴うものでなければならぬ。かくしてかかる原始胎動の中に醞釀されつつある体系的萌芽も、それがいわゆる処女作として描かれるに到らない限り、未だ真にその確立を得ないのである。しかも単に想念裡に去来するに過ぎない心像を、文字を介して一個の体系的叙述にまで表現するということは、これを現実には、その思想家にとってはまさに一大飛躍的転換といわなければならぬ。他人の書物を理解する立場を平面的とすれば、如何に乏しくとも、とにかくに自らの内面的自証の世界を展開するということは、まさに立体的世界への飛躍というべきである。かくして自らの思想を一個の著述として表現するということは、まさに平面より立体への飛躍というべく、そこには思想家自身の態度において、いわばかの水泳における飛込みにも比すべき一種の跳躍と躍入を要するのである。恐らく後年雄大なる思想的体系を展開した大思想家といえども、その最初の述作に対しては、後年の如何なる大著にもまさって大なる決意と心の戦《おのの》きとを感じたことであろう。かくして体系生誕の第一歩は、かかる意味における決意と勇断による跳躍躍入を要するのである。

それにつけても思い出されるのは、最初の述作と年齢との関係である。卑見によれば、わが国で独自の体系的世界を開顕した人々は、何れも三十五歳前後に始って、大体四十歳までにその最初の著作を完了しているようである。かくしてわが国の明治維新以後において、体系的思想家にして三十歳以前に成ったものあるを聞かない、又四十歳を遠く超えて、初めて体系的思想の展開せられた例を知らない。このような年齢的制約のことをいえば、人々は如何にも奇異の感を抱くかとも思うが、しかし吾人はそのような誤解の危険を冒しつつ、尚かつここに年齢の問題に触れざるを得ないのである。けだし哲学的知見は、如実なるこの天地人生の叡知として人生の現実的経験を予想するが、同時に又このことは、如何に聰慧な天資を具えた者といえども、年齢の基本的制約より全脱し能わないことを示すものというべきである。しかも体系的萌芽の最初の確立たる処女作への踏み出しは、前述のように確かに一種の決意と勇断とを要するゆえ、人は徒らに自らの無力と未熟とを顧慮せず、如上いわば本原的限定ともいうべき年齢の制約を顧みて、時期を逸せず最初の述作に向って、全我の転回躍入を試むべきであろう。けだし徒らに自己の無力と未熟とを云々して、遷延ついにその期を失すれば、如何なる体系的萌芽もついにその生誕を得ないで、「永遠の死児」に了る外ないからである。

そもそも年齢は、われわれ有限者にとっては不可避の根本制約というべく、かりに数学などのような純粋形式の学にあっては、三十歳前後にして既に一世の権威たり得るような場合もあり得るとしても、既述のように現実洞観の叡知としての哲学にあっては、その展開深化は、年齢と不可離の相即関係をもつといわざるを得ない。即ち人生の現実の真理は、一個の人間として世に処し、歩々人生の普遍的道程を踏みゆくことによって初めて得られるものであって人は年齢的制約を超えて、一挙直ちに人生の真趣に到るというは不可能事というべきである。今一人の哲学者が、その恵まれた天資において超過し得るところは、只経験裡に内在する理法の徹見そのものについてであって、未だ全く経験しない事象に関しては、如何なる叡知の哲人といえども、ついに未熟不精到なるを免れ難いのである。かくして如上自覚の体系的自証の第一歩は、われわれ邦人としては、ほぼ三十代の後半にあるというを妨げぬであろう。同時にまた広く西欧の哲学者に見ても、更には又東方古来の先哲にあっても、真に自立の境涯の開かれるのは、ほぼ三十代の十年間、特に三十五歳前後を中心とするが如くである。

最初の述作について更に考えしめられることは、一般にはそれが全体としてウブなことが好ましいかと思うのである。学術的発表が断片的な紹介論文を以って為されることが、ほとんど時代の慣行ともなりつつある今日にあっては、このような言葉は、容易に人々の受容を得難いかとも思われるが、しかし真に後年大なる展開を遂げる思想の萌芽は、最初は何処かウブな趣を有するを常とするようである。この事は、上来屢説の今日ほぼ七十歳前後（昭和十二年現在で）の先覚的思想家の一群についてもその例証が見られるのである。即ち最初から余りに専門家ぶるということは、却ってそれが思想の根本動力たる生命力の充実において、欠ける処あるを証するものともいえるであろう。そしてここにウブとは、いわゆる学界の流行等ということには余り深く拘ることなく、またその表現様式の上からも、必ずしもいわゆる専門家的彫琢を極めるというよりも、むしろ原始的生命力のもつウブ生粋ということが大切である。即ちこれを一言にして、処女作としては何等作為の跡なく、最も自然に素直な生命力のウブな発現であるというが好ましかるべく、この事は例えば人間の嬰児はもとより、すべて生あるものの生まれ出ずる原始の相は、なべてかくの如くであると思われる。

体系的萌芽の第一歩としての処女作において、今一つ要とせられる特質は、恐らくはその全一性という点であろう。哲学が全一の学であり、そして最初の述作は、それがその思想家の将来展開して行くすべての著作の萌芽である以上、それは何等かの趣において、後に生まれ出ずべきものの一切を、その潜在可能の状態において蔵するものでなくてはならぬ。随ってその意味からは体系的思想家の最初の述作は、それが如何にすぐれたるものであるとしても、他の思想家の体系の紹介的解説書の如きであるべきでないことは言うまでもないが、更にまた、余りに特殊専門的な問題でないことが希わしいともいえるであろう。勿論個に即して「全」をその内在の相においてて捉えることは、事実においても可能であり、否われわれ有限者の「全」の把握は、厳密にはかかる制約を全脱し得ないというべきでもあろうが、しかもそれゆえにこそわれわれの努力は、むしろ能う限りこれが克服超出にあるというべきであろう。特に全体的位相の大観を要する最初の述作においては、この点に対する顧慮が必要であろう。

この意味においては、真に深く自らの思想的世界の建立を希求する者は、その体系的萌芽の確立としての最初の述作に到るまでは、いわゆる断片的な紹介論文というが如きものの筆を断つべきだとの見も成立し得るであろう。勿論為学の工夫は、屢説のように最も個性的人格的なものであり、随って各人それぞれの特性を有して、一般的な規定をなし得ないことは今更いうまでもないが、同時にまた最初の体系的萌芽の確立までは、一切の断片的な紹介論文の筆を断つべしとする如上の見には、そこに傾聴すべきものがあるであろう。けだし体系的思想家にあっては、個々の特殊的問題の意義と価値とは、それが全体裡において占める位相の定位をまって初めて生ずるわけであり、随って、全体観に対する何等の見透しもなしに扱われた個々の特殊問題の研究の如きは、これを体系的見地から見れば、真の意義を有し得ぬというべきであろう。かくして我々は、いわば半知ともいうべき紹介論文の筆を折ることによって、初めてそれを自らの内的生命のうちに摂取し溶解せしめ得るであろう。更に又断片的小論の筆を断つことによって、人は初めて問題と問題との間に、実は無限なる連関の存することを発見するに到るのである。即ち総じて遮断は、死としてそれは必ずや常に新たなる生を甦らしめずにはおかぬというべきである。

最初の述作に関しては、尚一、二の述べるべき事柄がある。そもそも人がその体系の萌芽の確立として、最初の著述に到るために何よりも先ず要とせられるものは、いわゆる思索の光の現実界への返照透徹であり、更には自己そのものへの集中というべきである。しかるに、もしこのような現実界そのものへの返照透徹、更には自己そのものへの集中に到らないで、徒らに古典的大思想の偉容に瞠目するに留まるならば、それは哲学の鑑賞家ではあっても、自らの自証界を拓く体系的思想家ではあり得ないであろう。この意味からは又最初の述作以前に、徒らに多くの古典的典籍の繙読を貪ることは、自らの世界を開くためにふさわしき道とはいい得ないであろう。又事実においてもこのようなことは、ほとんど不可能というべきでもある。けだし一人の力には限りがあり、特に体系の理解は、既に何等かの程度における体系的知見を足場とすることなくしては、容易でないからである。否如実なる理解としては、ほとんど不可能というべきであろう。いわんや種々なる角度に成る異体系の徒らなる比較考量は、未だ自らの体系的知見の足場をもたぬ初心者をして、遂にはその重圧下に窒息せしめるに到るでもあろう。かくの如くであるがゆえに、最初の述作に到るまでに、徒らに数を貪って多くの古典的典籍を渉猟しようと焦慮するが如きは、却って危険というべきであろう。もしそれ一般周知の古典的典籍を渉猟していないからとて、処女作の執筆への跳躍を逡巡するが如きことあれば、恐らくは生涯ついに自らの世界を開く期はないというべきであろう。

これに反して、いわゆる体系的でない書籍は、その非体系性のゆえに、多くとも必ずしも思索を妨げぬともいい得るであろう。即ち処女作以前の種々なる異体系の徒らなる比較考量は、その弊多くして得る処少いであろうが、これに反して現実の諸相を示すいわゆる素材知としての非体系的書籍の意義は、却って軽視すべからざるものがあるとも言えるのである。一人の思想家への帰投沈潜が、自己の切実なる現実問題を契機として、一たび現実の実相そのものへの体認に転ぜられるに到れば、ここに体系的知見は、現実そのものとの如是溶融を見るに到るのである。随って又随筆中の一事例に、哲学的自証の重要なる一示唆を得るというが如きも、決して珍らしからぬことといえるであろう。かくして処女作以前に要とせられる非体系的書籍のうち、特に意味深きものは、一つは古来の宗教的古典であり、他は現在わが民族の有するそれぞれの文化領域における第一人者の業績への顧慮であろう。けだし前者は現実把握の中枢としての自反を深刻切実に示唆する点において、又後者はそれを介して現実界の諸領域に内在する理法に関して、最も広汎かつ深遠に洞察すべき光を与えられる点において。

更に又執筆の様式についても、人によって種々なる型があるであろう。今はその一々について語ることも出来ねば、もとよりその要もないであろう。しかし今執筆の様式を、かりに二種に大別するとすれば、一つは最初から部分々々を固めて、順次完成してゆこうとする態度であり、他はとにかく先ず全体を一気呵成に書き上げて、その添削上の苦心に到っては、一応これを後日に譲るものである。前者はいわば科学的とも称すべきであろうか。即ち引用等のためには執筆中といえども諸書を渉猟するを厭わず、甚だしきは原稿用紙に幾重にも糊の上張りなどまでして、歩々完成してゆかねば気の済まぬという遣り方である。これに反して後者はいわば芸術的ともいうべきか。一管の筆に実在的生命の霊感を載せて、一気に自証の全円を描こうとするものであって、数百頁を書き上げるに一ケ月とはかからず、時としては十数日にして成るという遣り方である。（この書の下稿は第一章を除いては、一応十六日間にして成ったものである。後記）今如上の様式については、もとよりその優劣を断じ難いが、前者は何れかといえば歴史的客観的研究の執筆態度というべく、史的客観的研究にあっては、外側からは単なる一瑣事とも見えるような疑問のために、執筆を中絶すること幾十日に及ぶことも決して珍らしからぬことであろう。これに反して体系的知見の自証的展開にあっては、何れかといえば一応一気呵成に、その円相の全的展開を期すべきではあるまいか。特に注意すべきは、真に純粋に自らの内面自証の世界を描くには、執筆中はすべからく一切の書見を遮断すべきであろう。でなくて、執筆中にも諸書に眼を向けることは、たとえそれが引用の為めであっても、生命の流露一貫性を遮断されるを免れ難く、たとえその書物から影響を受けるとまではいわぬとしても、少くとも生命の内的リズムの緊張を失うに到るは必然である。この意味からは、われわれが執筆に際して真に典範と為すべきものは、いわゆる書籍の類ではなくて、まさにかの尊徳のいわゆる「天地不書の経文」にこれを仰ぐべきであろう。随って又その意味からは、かの執筆前に諸書の披閲によって心を散乱せしむべきでないのみか、更には単に机に向かって静思するというも未だ真に十分ではなく、更に一歩を進めて戸外に逍遙して、直接この天地大自然の真趣に触れるべきだともいえるであろう。即ち如実なるこの天地大自然の趣に触発せられて、そこに自らなる自証展開の機を捉えるというが如きは、けだし最も邦人的な態度というべきであろう。

　尚執筆後の添削については、その心境の明澄透徹よりして、自然に書き流したものが、そのまま天衣無縫一字の贅すべき無しというが恐らくは理想というべきであろうが、（西欧ではプロチノスがかくの如くであったという）これもとよりわれわれ凡愚の摸し得る境涯ではない。ゆえに普通には彫心《ちょうしん》鏤骨《るこつ》、以って一字の贅すべきなきに到るを以って添削の範とすべきであろう。しかもこれ決して容易の業ではない。しかし又或る意味からは、著者における添削の回数は、そのまま読者の側においてその書を繰返し繙読するに堪えしめる回数と比例するともいい得るであろう。今添削の意義をここまで考えて来れば、添削の一事もまた決して軽視すべからざるを思わしめるのである。けだしリズムの流麗を妨げる些少の雑音は、その内容において、よし如何にすぐれたものであったとしても、人をしてこれを繰返し繙読するを妨げる主要な因由となるは周知の事柄である。そしてこの意味からは、特に自証の体系的展開を期する著述においては、かの外国語の挿入の如きも出来るだけこれを差し控えるが望ましかるべく、特に古典語においてしかりとする。けだしかくの如きは、読者をして著者の生命の流れを辿る上で、瞬間的な遮断、ないしは中絶せしめることとなるが故である。もっとも客観考証的立場の著述にあっては、毫もかかる顧慮を要しないこと、もとより言うまでもない。かくして哲学的表現にあっても、添削の有する意義はけだし大なるものがあるというべきである。同時に今かかる添削態度の範となるものは、恐らくはかの詩歌俳句等におけるそれに見られるであろう。けだしそれ等の芸術は、文字を介するリズム的表現をその生命とするものであり、特に短歌と俳句にあっては、その短小詩形が字数の制約を有することによって、一字の如何が真にその全生命を活殺するがゆえである。尚添削の時期については、もとより人によって異るであろうが、人によっては擱筆後半ケ年、更には一ケ年を経過した後をよしとする人もある。けだし執筆後早々では、添削の基準は表現そのものと同一レベルにあるゆえ、容易にその瑕瑾《かきん》を見出し難いからであろう。かくしてたとえ執筆後直ちに添削を始めねばならぬような場合でも、出来れば直ちにこれを印刷に附することなく、若干期間を経過した後、改めてこれを見直し、しかる後始めて印刷に附するを可とするともいえる。けだし若干の時の経過を経なければ、作品が自己から離れて、それ自身の独立性をもつに至らぬがゆえに、十分にその欠点に気付き難いからである。更に理想をいえば、著者の次の立場の方向が仄見える時期にいたって添削を完了するを得たならば、けだし最上というべきであろう。けだしその時その著述は、次の立場への転換の機を、その萌芽の形において随処に鏤《ちり》ばめて、その表現の完態を期し得ると共に、そこには一脈生動の気をも蔵するに到るがゆえんである。

六

さて著述の公刊は読者の側からは、著者の思想の成形でありその出現というべきであるが、今著者自身の立場からは、著述の公刊は実はその思想の脱皮であり、著者自身の旧衣の遊離脱落である。さればこの意味においては、思想家は自らの思想を、単に執筆するというだけに留めず、更にこれを印刷に附して公刊すべきであろう。同時にその場合、著書の公刊は一般社会に対する思想家としての責務である、というような対他的意義はしばらく別として、思想家自身の思想的成長の上からいっても、脱皮作用としての公刊の意義はまことに看過し難いものがある。そもそもこれを外側から見れば、草稿のままこれを篋底《きょうてい》に蔵するのと比べれば、署名の上これを公刊する方が、自分のものとしての執着がありそうに思われながら事実は全く正逆である。即ち草稿は、著述として公刊されるに至って初めて完全に著者から離脱して、そこにそれ自身の自立的存在を開始するのである。されば公刊の悦びというが如きは、真に成形を見た一瞬に過ぎないのであって、次の瞬間には、既に嫌悪の情が起るともいえるのである。否その嫌悪感は実に生々しいのであって、かの肉親の身体と相触れた刹那に感ずるような、いわば「肉体的反撥《ボディイリーアンチパシイ》」とでも名づくべき生々しさがある。

かくして最初の述作の公刊は、思想家自身よりしてこれをいえば、まさに旧衣の完全なる離脱の宣言というべく、即ち又新たなる旅路への旅立ちというべきである。それはあたかも、旅における第一夜を明かした翌日の朝立ちの清々しさにも、比せられるであろうか。随ってそこには必然に、最初の述作において萌芽として内含せられていたものの展開深化が行われざるを得ない。即ちここに至って道はようやく「上り《のぼ》」となるのである。しかしながら、とにかくに最初の体系的萌芽を一つの述作として表現を試みることは、それが如何に稚拙であり、否、時としては嫌悪の情すら感じるほどのものだとしても、尚かつそこには、乏しくとも既に自らの足場の第一段階が用意せられるわけである。このように、自らの思想的足場をもつに到るということは、これを例えば、かの水を汲むにあたって杓子を手に入れるにも喩えられるであろうか。思想家は自ら体系的自証の萌芽を処女作として成形せしめることによって、初めて他の体系を、その具体的な原立体において解し得るに到るのである。即ち人は、とにかくに自らの自証の境涯を客観的に投影することによって、初めて古典的典籍に向う資格を得るというべきであろう。即ち人はたとえ自らの自証が既に萌しつつあったとしても、これを投影して書籍としての成形を与えない間は、如何にすぐれた典籍に対しても、畢竟これを解すること平面的理解の域を脱し得ないのである。日常普通の経験においても、人は苦しみを共にして、初めて相手の心理にも真に同情の念を懐きうるように、今書籍に対する理解にあっても、如何に乏しくとも自らも述作の経験をへて、初めてその如実なる理解への一歩を踏み出し得るといえるであろう。

かくして処女作以後思想家として最も意を用うべき処は、一応処女作として成形をあたえた形態を、如何にして破砕し超克すべきかに存するというべきであろう。同時にこの問題は、実質的には最初の述作において把握しえたものを、如何にして深化し展開せしめるかの問題であるが、しかも思想の世界における深化と展開とは、必然そこに否定を契機とせざるを得ないのである。けだし真の深化と展開は、かの最初の足場として辛うじて築き得た処女作の形態を、如何にして破砕し投擲すべきかの努力というべきだからである。即ち先きにようやくにして築きえた足場は、その成形と同時に、既にわが生命を凝固し固定せしめる桎梏となりつつあるがゆえである。げに成形は、人をして一面安住の喜びを与えるが、同時にそれは又一歩を誤れば、人をして死の凝固に導くものでもある。思想は今有形に対せしめれば、一応これを無形といい得るでもあろうが、しかし思想もそれが思想される限り、既にそれだけ限定を有ち、いわんやそれが文字を介して表現せられ、更には公刊されるに到っては、明かに一種の限定制約を免れないのである。即ち一たび成形をえた思想は、同時に又そのまま凝固し固定しようとする惰性と執性とを生ずるのであって、いわゆる思想家の怠慢は、実にこのような思想の成形的性格にその端を発するともいえるであろう。

しからばかかる思想に必然なる成形の凝固を破るものは何であろうか。今概言すれば、これを外にしては新たる体系に学ぶことであり、これを内にしては、生活そのものの革新の外ないであろう。しかもこれ等両者は、本来別物ではない。けだし真の思想家にあっては、新たなる体系に学ぶということは、自己の現実生活そのものの革新なくしては、本来不可能だからである。即ち一つの新たなる体系に学ぶということは、旧き体系に即する自己の徹底棄却を前提として初めて可能だからである。けだし真の体系的思想家にあっては、自らの現実生活と、その自証としての体系とは、その自覚における主客の両側面として、まさに一実の両面というべきだからである。随って又現実生活の更改の真の徹底は、旧衣を捨てて新たなる体系に学び、更には新たなる第二の新衣を縫う処までゆかねばならぬ。しかもこのような主客の相即態における転化新生の機は、常に先ず主体の側面より始まるように、如上体系の新生と生活の更改との相即的進展も、その着手点は、先ず思想家自身の現実生活の革新でなければならぬ。同時にこの意味からは、最初の述作を終えて、そこに新たなる一歩を踏み出すにあたっては、いわゆる新たなる体系に触れるということよりも、先ず直截端的に、生活そのものに迫る宗教的語録への親近の方が、いわゆる体系書以上に、この転換の一機を与えるというべきかも知れない。

上来述べて来たように、既に一応その足場を得た者が、更に一歩を進めて、かかる足場の凝固と固定を打破する段階に到って、吾人は先きに入門者に対して却けたカントの哲学が、その特有な認識論的反省を教える永遠の力として、新たなる意義と光とを以って、現われ来たることを認めざるを得ない。即ちカント哲学の意義は、少くとも自己の体系的萌芽の成形を、その最初の述作において確立した人々に対して、初めて現われるのである。否カント哲学の真の効果は、処女作の直後では尚まだ十分に発揮されぬとすらいうべきでもあろう。げにカント哲学の威力は、その比類なき主観化的否定の浄化に堪えるためには、それだけに、これを受ける者の側においても、体系的知見の深大を要するわけであって、即ち体系的知見の蔵する力が大であればあるほど、いよいよその独自の威力を発揮して来るというべきであろう。同時に又このような、いわば第二の段階ともいうべき境域に入っては、先きに一たびは遮断し却けた専門の学術雑誌の披閲の如きも、必ずしも無益というでなく、否生命をその凝固と固定より解放せしめる上で、或る種の刺激剤たるの用を果すかも知れぬ。

さあれ体系の展開深化の根本を為すものは、何処までも思想家自身の現実生活の深化転生でなければならぬ。けだし体系は顕であり有相であるが、この顕の有相の固定と凝固を破って、新たなる成形を生誕せしめるのは、何処までも顕の背後としての隠、有相の根柢としての無相の力でなければならぬ。即ちこれを一言にして、思想家自身の現実生活そのものでなければならぬ。しかも現実生活の深化は、有限なるわれわれ人間にあっては、多くは現実生活上の新たなる苦患を機として深められるを常とする。即ち思想家をしてその体系の旧衣を脱して、新たなる新装を装わしめる内的契機は、多くはその思想家が、一個の人間としてこの世に処する間に逢遭する現実の苦患を機とするもののようである。人多くは思想家の新たなる体系展開の前に立って、その巍然たる偉容に眩惑するが、しかも心ある人は、その背後に秘められた、思想家自身が人間として、体系の代償として支払わされたるものの痛ましさに思い到らざるを得ないであろう。かくしてわれわれは、その生涯を通して限りなく逞しき思索の道を歩んだ思想家の輝しい業績に対しても、単にこれを礼讃するのみで足れりとすべきでなく、更に一歩を進めて、その背後人知れず支払われた諸々の痛ましき代償に想い到るべきであろう。即ちそこには、或は恩愛の契り深き親しき者の死もあるであろうし、或は又現世的名利よりの遠離遮断というが如きものもあるであろう。更には又病患貧苦等のような苦悩もないとはいい難いのである。しかも思想家が一個の人間として当面するこれら諸々の痛ましき苦患の代償によって克ち得た自証の永遠光は、ひとりその思想家の個人的な苦悩の救済たるに止まらず、その深化展開において、広く永生の大道をも照破する光となるであろう。否われわれ邦人としては、この境にまで到らない限り、真の安立は得難いといわねばならぬ。

八　学の新生

一

わが国現時の学問の困難性の歴史的意義については、既に序論において一応詳説した通りであるが、しかもこの事実に対する認識は、一般にまだ十分とはいい難いようである。総じて現在の意義は、現在そのものの中に身を置く者にとっては、十分には得難いのが常であって、ここに一般に歴史的認識の根本的な制約があると思われる。が、同時に又現在は、周知のように過去の一切を含むと共に、又実にすべての未来をも胎《はら》むがゆえに、現在の有する歴史的意義の認知も、方向的には必ずしも不可能とはいわれぬであろう。同時に他面あらゆる現在は、その自覚の程度いかんに拘らず、事実においておのおの歴史的現実として自らを構成しつつあることは、又もとより否む可らべる事柄である。只しかしその自覚、即ち自己の置かれている現在の歴史的意義に対する自覚の如何によって、その時代が歴史上に有する意義を異にして来るといわねばならぬ。けだし現実の認識は、単なる認識の域に留まらずして、認識即創生として、認識の如何によって、常に現実そのものが導かれつつあるがゆえである。

かくしてわれわれ日本民族の一人として、学問に従事する者の深く考えるべきことは、われわれは今日まで、真に民族としての自覚を根柢とした学問は、十分な意味においては所有しなかったということである。成程われわれはあらゆる時代において、儒仏を介してそれぞれの程度並びに様式において自証の学を有しなかったわけではない。しかもそれらのものは、その根本態度において、いわば尚自証の媒介たるの域を全脱しないものであり、そしてこの事は、その表現様式の上にも明かに窺われる処である。即ち日本儒教と呼ばれるものも、実は日本儒教であって、その孔子を宗とし、根本的には儒学的表現の範疇を一歩も出で能わないことはいうまでもない。日本的仏教といわれるものも、もとより同前である。更に国学といわれるものさえ、なるほど一応自らに固有なものへの自覚に目覚めはしたが、しかもそれが儒仏を排して、それらを摂取し溶融するに到らない限り、未だ儒仏を介して、深く自らの内奥を省みるに到ったものとはいい難いであろう。しかもこれは国学を中心として、これら儒仏の内容を会通せしめる媒介の哲理を有しなかったがゆえである。しかるに今や媒介の論理としての西欧哲理を摂取しつつあるわれらの民族は、ここに有史以来三千年、始めて真に自らの自証の学の創建の一歩を踏み出しつつあるのであり、現にわれわれは、このような努力への若干のすぐれた先覚的思想家を有しつつあることは、上来屢説の通りである。

そもそも一個人においても真の自立の境涯は、自覚の境に達して初めて開かれるように、今一個の民族においても、真の自主卓立は、民族的自証としての真の全一学の樹立を要するであろう。かく考えてくれば、明治維新以後四分の三世紀をへて、今やようやくにして自立の境に達しつつあるわれらの民族は、このような現実と相即する自証の学の創建を要するのである。わが国民が有史以来三千年、この東海の孤島に蟄居して来たことは、今後の歩みへの潜行密用でなくして何であろうか。なるほど明治維新前までのわが国の思想は、日本的儒教、日本的仏教ないしは狭義の国学として、何れも十分に自証の学とはいい得なかったといわねばならぬ。しかもその内実においては、徐々に醞醸せられて、真の全一学を生誕せしむべき「夜明け前」に達していたと見ることが出来る。かくして幕末維新が夜明け前であることは、ひとり政治経済等の現実的側面からのみでなく、これをその内面において支える自証の学においても又同様であったのである。そしてこの事は、民族における知行の相即一体性よりして、もとより当然のことというべきであろう。

世には学の無力を称え、更には現実に対するその無力性を以って、学問の本領であるかに誤想する向きさえあるようであるが、しかし学問が無力であるというは、それが真の学問でないからであろう。即ち真の実学でないために、徒らに古典的典籍の形骸の間を彷徨して、古人の糟粕《そうはく》を嘗《な》めて以って足れりとして、現実の世界を背景とする民族の使命を自覚しない処から来るのである。真の学問が自証の学である以上、真の自証の学は、ひとり自らが卓立するのみでなく、それぞれの角度から民族的生命を表現する意義を有すべきであろう。同時にそれはやがて又極微的には、人類的生命の一表現たりうるでもあろう。即ち真に「世界的」とは、単に無国籍的な平等思想を意味するのではないが、同時に又真の自覚は、必ずや常に異質的なるものを媒介としつつ、遂にこれを摂取溶融するものでなくてはならぬ。

二

如上の意味からして、われらの民族における真の全一学は、まさに今日に始まるというべきであろうが、それについて注意を要する一時は、当来の全一学は、或る意味では西欧のいわゆる哲学と、形質共に必ずしも同一でなければならぬわけではないという事である。というのも西欧の哲学は、周知のように、いわゆる「知のための知」への希求にその端を発し、爾来今日に到るまで、この基本的性格は一貫持続せられて来ている。随ってそれは、あくまで思想家自身の個人的な自由思索の結果というべきである。これに反して東方古来の学は、周知のように何よりも先ず教えの領解嗣承の上に成る。即ち偉大なる先哲の行証を尊んで、それを奉持し履践する処に成るのである。勿論西欧においても、先哲の思想が顧みられないというのでは決してない。或はプロチノス及びアウグスティヌスのプラトンに対する、或はライプニッツのプラトン及び聖トマス等に対するが如き、その他あらゆる思想家は、程度の差こそあれ何れも自己に先行する偉大な思想家に汲みつつあることは、一々その例証を挙げるまでもないであろう。思えばこれ精神そのものの特質というべく、何等の嗣承なき処に真の精神の出現の不可能なことは、地上一切の思想の歴史の示す処である。

しかしながら今その基本的特質に即いていえば、西欧の思想は伝承を却けて個人の自由思索を重んずるに対して、東方の学は、何よりも先ず精神の師資相承を宗とする。かくして自由思索を重んずる西欧の学風は、いわばその根を自然科学に発するものともいえるであろう。けだし自然界の研究にあっては、いわゆる文字通り日に新なるのがその本来であり、随ってその知新は一応温故を要せぬともいえるのである。否極言すれば一切の旧故を廃棄する処に自然科学的研究の第一義諦は存するともいえるであろう。しかるに今精神人文の学にあっては、知新は常に温故を伴う。否知新と温故とは常に相即すべきであり、更には両者は本と同一作用の両面ともいうべきである。ここに自覚の自証としての全一学が、物象の第一次的なる直接的反射態に成立する自然科学と異って、無限の多次元性を包摂すべき意味がある。単に一次元的な物象の直接的反射態ならば、何等先蹤《せんしょう》に依るを要せぬが、無限の多次元性を包摂すべき全一学にあっては、自照の必然的媒介として先哲の自覚を要する所以がある。同時に自然科学は、その資質の劣れるものといえども、学の現実性を喪失することはないが、人文科学特に全一学にあっては余程の多力者でない限り、徒らに先哲の自覚の断片的映像を得るに留まって、現実そのものの如実なる自証に到り難きを常とする。

今東西の思想を大観するに、西欧の哲学はその理論的体系性、特にその自然界の意識的包摂による体系性の完備を期する点では大なる長処のあるは事実であるが、同時にこのようないわば円周的努力ともいうべきものの為に、ともすれば円心的努力ともいうべき如実なる自覚と、その実現としての行為の趣を示すにおいては、われに劣るもののあるのが一般である。即ち彼にあっては、その思索が個人の自主的自由を宗とするがゆえに、そこには教の伝承を主とするわれのともすれば陥りがちな先人の形骸の単なる模写に終るというが如き弊は少いが、同時にそれは又自覚の深奥処における端的な明確性を得難い恨みなしとしない。かくいうことに対しては、或は幾多の異論が存するでもあろうが、これ彼れの雄大なる体系性に眩惑せられて、真の中心が奈辺に存するかに対して、真の大観洞察の見の得難い処が生ずるものに外ならない。即ち彼れにあっては、自主に基づくその自由思索は、歩々進展して留まるところがないが、同時に真に人生の終極的帰趣に到るは、必ずしも容易でないことを知るべきである。

これに反し先哲の教を重んずる東方の学にあっては、如何なるものも人生の終極的帰趣を知らしめるの長はあるが、同時にまたともすれば個人の自主的な自由思索を委縮せしめて、人生の最終的帰趣とするものも、勿論その形式の上からは何等誤りはないとしても、それが自主自覚の充実を欠く時、ついには空虚なる概念の弄玩に堕する弊がないとはいえない。特に東方古来の学が、その実践を重視するの余り自然科学を成立せしめず、随って又全一学としての教学も、自然界の自覚的包摂にまで到って居らぬ。勿論西欧哲学における自然界の包摂も、彼れにあってはその自然科学は精神の学とは全然別個のものとして、その独立性において発達して来たために、自然と人生とはともすれば二元となり易い憾みのあることも亦十分に認めなければならぬ。この点自然と人生との一如的把握は、却って東方の天地に見られるというべく、かの「易」の如きは、或る意味ではその典型的なものといえるであろう。しかも易の思想における範疇は、これを今日の西欧哲理に比する時、煩瑣なる形式に拘って却ってその精神を欠き、全体としてはほとんど象徴の域を脱し得ないことは、われらの虚心に認めねばならぬことであろう。かくしてわが国当来の全一学は、かりに如上自然と人生に関しても、その根本の立場は易の如き一如観に立ちつつ、しかもその体系的自証に至っては、どこまでも彼れの体系性の精緻厳密に学ぶべきであろう。

かくしてわが国当来の全一学は、これをその内容に即しては、単なる学というよりも、あるいは教学というべきでもあろう。かくいえば今日ではこれをいぶかる人もあるかと思うが、そもそも純正学たるを誇りとしている西欧哲学においても、いやしくも歴史上大思想家と呼ばれるほどの人々は、何れもソクラテスに端を発するギリシャ思想と、キリストに始まる中世思想との学的統一ならぬはなく、このことは近くはドイツ観念論の諸大家の何れの一人にも十分に証し得る事柄である。しからば今後わが国の全一学が自らの内容を自証するにあたって、本来われに固有なるものを根柢としつつ、西欧哲理を介して儒仏二教の融会会通を以ってするは、まさに理の当然というべきであろう。即ちこれを約しては、従来われに固有だったものの新たなる形態下におけるその自証展開を要するわけである。かくしてこのようにわれに固有なるものを教の一語に約するとすれば、新たなる形態における自証展開は、まさに新たなる意味において学と称せられるであろう。勿論教は教として、それ自身に固有な本来の功徳力によって、そのままでも永遠の生命を有しはするが、しかもその真の力は、これが自覚的なる自証展開に俟たなければならぬ。即ち時代の進展に即する新たなる形態における自証展開を要するわけである。

そもそも教の内実を為すものは、当該民族の偉大なる開始者による自覚内容をその根本として、本来永遠なるべきものであるが、これが自証の形態は、それぞれの時代に即してそれぞれの形態をとるべきである。即ち時代の推移に従ってその自証の形態を異にすることが、却ってその充足性を語るものというべきである。随って時代が如何に推移しても、その形式の上に何等の変化がないとしたら、これはその形式の凝固し固定せるゆえに、却ってその内容の喪失を語るものといわねばならぬ。しかも自証の形式は如何に改まるとも、それが教の自覚的領解としての自証展開である以上、その根柢は永遠なるものに連るといえるであろう。たとえば、宋学は、孔孟の儒教とは大いにその形態の変化はしたが、しかも孔孟の自覚の継承展開たる点では毫も変らない。否、宋学興起の主因は、当時の支那にとっては新来の学たる仏教に対して、孔孟の教学の真意を一層明らかに顕彰しようとした点に存するともいえる。同様に仏教も、それが釈迦の教たる根本を逸しては最早仏教ではないように、わが国の学問も時代の推移によって、その自証の形態は異るも、われらの民族的生命の自証たる点では、その根柢にある一貫的なものがあるというべきであろう。否自証の形式が新たにされるということは、この根柢的なあるものが、時代に即して自らを展開しつつあるということであろう。同時に如何に普遍の学たる哲学といえども、いやしくもそれが邦人の世界観人生観の統一である以上、そこには民族的生命をその背後に予想し、それと内面的に連続するものでなければなるまい。

三

わが国当来の哲学は、前述のように、その内容に即しては新たなる意義における全一学というべきである。ここに新たなる意義におけるとは、学問の意義を従来のように単に教の模写的受容の消極態より解放して、積極的に自らの自主的自証において領解しようとするの謂いである。即ち学はこれを体系的自証としての新たなる意義を有すべきである。かく見て来る時わが国の当来の全一学は、その態度の上からは嗣承と展開の上に成るともいえるであろう。けだし嗣承とは教に対していうのであり、展開とはその体系的自証に即いていうのである。即ちわが国当来の全一学は、われらの祖先が、国初以来伝統して来たわが民族の世界観人生観を、西欧哲理を移入した現代の時代に即して、新たなる形態において体系的に自証し展開するにあるというべきであろう。しかも教と学とが如実には相即して不二一体であるように、これを態度の側面より見た場合、嗣承と展開とも亦相即する如是一体でなければならぬ。即ち真の嗣承は今日の現実にあっては、必然に自証的展開を要すべく、又自証展開は、その根柢には必然に嗣承の精神を要とすべきである。否事実においては、嗣承即展開であり展開即嗣承というべきであろう。

このように教学一如を、その態度の上から嗣承即展開、展開即嗣承と考えることは、一実に対する異名であって、人によっては無意味と考えるかも知れぬが、事実は必ずしもそうでない。今わが国当来の全一学が、新たなる意義における学として、これを態度の上からは嗣承即展開であるというは、今日わが国の学界がその俊鋭をこぞって没頭しつつある西欧哲学の移入が、元来如何なる目的の為に為されるべきであるが、その根本眼目をより明らかならしめる点に寄与する処が少くないであろう。即ち今日われらの民族が、ほとんどその全知能を挙げて移入しようとしつつある西欧哲理の摂取は、実にわれに固有なるものを、その新たなる形態において展開せんが為に外ならぬからである。されば今日われわれが全力を挙げて移入しつつある西欧哲学は、わが国がその一出店として、単に彼れの精神的大流をそのまま直訳的に移入することであってはならない。このような、ほとんど自明であるべき事柄が、いわゆる専門家と称せられる人々の間にあっては、かの山に入る猟師山を見ずの喩えに洩れず、却って明らかでない事例必ずしも少しとしないのである。そしてこのような処に、わが国現時の学問界の空前なる混乱は存するのである。

この事は、例えば哲学専門家の間において、しばしば問題となる「わが国に哲学はなかった」云々の一語が、最もよく這般《しゃはん》の消息を示すかと思われる。わが国の学界においては、時にこのような言葉が聞かれるようであり、又著述その他の事象もこれを傍証して余りがある。なるほどわが国の思想史上、西欧哲学のような形態における世界観人生観の統一形式は見出し難いであろうが、しかしそれは、われに世界観人生観の統一的希求が全欠していたと見るべきではあるまい。只わが国の置かれた歴史的風土的な諸々の制約が、その世界観人生観を、彼れのような形態をとるに至らしめなかったに過ぎない。即ちわれにおいてはわれに特有な現実的制約の下に、しばらく儒仏両教の有する形態を借りて、自らの世界観人生観を自証し展開したのである。随ってそれらは、勿論わが民族に本具固有なものの十全なる自証的形態とはいい難いであろう。われわれは一面素直にこの事実を認めなければなるまいが、同時にまたわが国三千年の歴史的現実は、何よりも明らかに、わが民族に本具固有の世界観人生観の実現であり、又実にその最大の実証というべきであろう。しからば今日学問に従事する者の任務としては、このような歴史的現実に内在しつつ、これを支えてきた民族の思想の自証的展開を念とするでなければなるまい。即ち又換言すれば、われわれに伝統的なるものの新たなる形態における嗣承展開でなければならぬ。

かく考えて来た時われわれの今後の努力は、民族の歴史的現実に内在しているものを、新たなる形態における世界観人生観として自証することでなければなるまいが、しかもこのような立場に立つ時、最も切実に感ぜしめられるのは、わが民族に本具なるべきものは、少くとも学問的自証の形態においては、明治以後今日に到るまで若干少数の先覚的思想家の業績を外にしては、ほとんど全く断絶しているという事である。

しかもこのような自証の問題は、これを現実としても、そこに容易ならざる問題が横たわっているのである。即ち既に述べたように、わが国の思想は少くともその学的形態における自覚は、その第一歩よりして既に儒仏という二大異質的教学を介して行われたのであり、随ってわが国の道統的自覚は、儒仏又は西欧哲学におけるような、いわゆる単線的単純さではあり得ないのである。勿論この事は一面からは後にも述べるように、われらの民族による世界文化の統摂の任に対して、その可能の現実的母胎が、既にその歴史的現実の上に約束されているともいい得るであろうが、しかもまたそれだけに自らの思想的源流への遡源は、かの儒仏或は西欧哲学のように、単純容易でないことを知らねばならぬ。かくしてここにもわが国現時の学問的困難性の有する歴史的意義は見られるわけである。

以上吾人は新たなる当来哲学の生誕に対して、これが嗣承展開の問題を論じたわけであるが、ここに注意を要することは、そもそも生命の嗣承は、既にも述べたように、必ずやその展開にまで到らねばならぬという事である。いうまでもなく生命の嗣承は自覚の嗣承であり、自覚の嗣承はその自覚性のゆえに、それは必然に、常に死と断絶に即する飛躍と新生でなければならぬ。即ちこれを具体的には、師説の真の嗣承は、単に師説の外形的模写に留まるべきではない。嗣承の外形的模倣は、真生命の嗣承でないことの何よりの証左である。これ先きに吾人が真の師説の継承者は、単なる師説の紹介的解説者でないとの言を為した所以である。かくして師説の真の嗣承は、自らの一切を師教に投ずると共に、己私の死を透過し了って、そこに新たなる自己の再生を得るでなければならぬ。即ち真に師説を継承する者は、その形態からは、必ずや師説を転換せしめて、自らに固有な独自の一新形態打成し来たる者でなければならぬ。しかも更に注意すべきは、このように師説になかった一新生面の打開も、少くとも継承者自身の内観においては、いわゆる師説に対する否定的態度としての自己主張というよりも、師説への透関が、やがて師説に含蓄せられつつ、しかも未だ示現の機を得なかった一面の顕彰という意味を有ち来るでなければならまい。即ち絶対随順即絶対自立、絶対自立即絶対随順の一境として把握されるべきであろう。同時にここにわれわれは、われに固有な東方古来の道の新たなる形態における再生を見るのである。

四

わが国現時の全一学の趨勢は、これを大観する時、尚、著しく西欧依存的であることは言を俟たないが、しかもこれは一面巨大なる外来の異質的文化の摂取に急であって、明治以後七十年に及ぶその過渡的意義からは、真に已むを得なかったというのみならず、又実に大いにその要があったというべきであろう。否ようやく自覚の声の聞え始めて来た今日といえども、西欧思想の輸入と摂取は依然としてその要があり、否永遠にその要があるというべきであろう。けだし自覚は常に自らに異質的なるものをその媒介として要するがゆえである。故にこの意味からは、ひとり西欧哲学のみならず、旧熟の儒仏両文化の如きも、今後その研究の歩みは進められるべきであり、それは新たなる自覚展開への媒介として、常に新たなる象面を示現するであろう。しかもこれは、決してわれわれに固有なるものに対する自覚の要と矛盾するものではない。更に一個人においても、その現実的自主性と、これを支える思想信念とは相即するように、一つの民族国家の現実的存立も、先ずその自証としての体系的思想を要すべきは必然である。そもそも外来思想の摂取を要するのも、実はこの根本的自主性を予想して始めてその意義を有するのであって、もしかかる根本的自主性の確立がなければ、いわゆる外来文化の摂取というが如きも、ついに無意義なものと言わざるを得ない。このような学問における自主性と外来文化の摂取とは、これを現実には、いわゆる体系的思想と歴史的考証的研究との二大分担によって解決されるべき問題ともいえる。げにわが国現時の学問界の根本問題は、自ら体系的思想家を以って任じている人々の間に、如上真の自主性の自覚を欠くと共に、かかる体系的思想家に、全生涯をかけてその素材を提供しようとする真の歴史的研究者に乏しい点にあるともいえるであろう。

如上何れの側面における欠陥も、その依って来たる原因を大観すれば、畢竟学問に従事する者において真の現実洞察に欠ける点の多きに基因するというべきであろう。真の学問は屢説のように、この現実の天地人生に内含せられる宇宙的秩序の把握表現の外なく、即ちその対象は、いうまでもなく現実そのものの外なかるべきである。そもそも自然科学の領域にあっては、既述のように、如何に庸劣な学者といえども、その研究の第一次的対象を書籍と考える者はあるまいが、人文科学の領域、特に全一学としての哲学の世界にあっては、この根本の一点の明弁は、それ自身で既にその思想家をして、真の一流者たることを約束するとさえいえるであろう。けだし真の人文の学は、反省の無限屈折としての自覚の学であろうが、しかも初心者は、最初から現実そのものに当面しては、容易に如上の趣を得難きを以って、そこに媒介として先哲の自覚の投影である古典的典籍を要する所以である。しかも初心者には、このような典籍の有する媒介性の如実なる把握が又容易でなく、ともすれば典籍をもって思索の直接的対象であるかに誤想する。しかもこの事は又、一応典籍そのものをその絶対的対象とするというべきかの歴史的考証的立場と、自覚の体系的展開を念とする体系的思想家との間の職分の混淆ともいい得るのである。否かくの如きは、畢竟するに体系的思想家と称する人々自身が、自らの任務と本領に対する自覚において欠ける処ある結果というべきであろう。

しからば体系的思想家におけるこのような自覚の喪失は、そもそも何によって生ずるのであろうか。これを一言にすれば畢竟思想家自身における現実洞察の不足に基因するといわざるを得まい。では更に一歩を進めて、このような思想家自身における現実認識の不足は、そもそも如何なる点に基因し、同時に又それは如何なる方途によって匡救《きょうきゅう》し得るであろうか。この点は、これを現実の側面より見て、わが国当来の学において最も重要な根本問題であると思われる。吾人は、わが国現時の体系的思想を希求しつつある人々の如上現実遊離的傾向を招来する一つの根本由因は、わが国現時の学者養成の様式に関わるものと信ずるのである。随ってそれはむしろ制度慣行の問題というべきであって、必ずしも思想家自身の罪ではないと信ずるものである。否そのほとんどが、如上制度慣行に基因するというべく、随って現在のような状態では、よほどの優秀な多力者といえども、結局は如上現実遊離の過誤より容易に脱し難いかと思われる。しからばここに学者の現実遊離の根本因と考えられる制度慣行とは、そもそも如何なるものをいうのであろうか。

今日わが国における学者養成の方途としては、多くは大学卒業後さまで遠からぬ期間において、主として卒業成績を基準として、その俊秀なる者を選んで助手とし、かくて助手たること若干年の後多くは講師となる。助手より講師へは必ずしも凡てが進むとはいえないが、一旦講師となった者は、いつしか又助教授に昇進し、助教授は、これも特殊の例外的場合を除いては、多くは教授たるべく約束せられたものというべきである。かくして助手はしばらく措くとしても、講師以後は特殊例外の場合を除いては、結局教授に進むことはほとんど必然的といってよく、そこに要せられるものは、極言すれば只「時」の経過のみとさえいえるであろう。即ち既に講師となり助教授となったという事は、いつかは教授たるべきことへの、いわば先約であるかの観がある。卑見によればわが国の学問界、特に人文科学界の根本欠陥は、一つにこの点に発するかと思われる。何となれば、人文の学は即ち自覚の学であり、そして真の自覚は、屡説のように、何等かの意味における生死の一関を透過しえて、初めてその如実なる把握に到るというべきだからである。即ち真の人文の学即ち又全一学は、思想家自身がその現実生活において、何等かの趣で生死の一関を透過することによって、初めて開かれるべき世界である。即ち又これを裏よりいえば、念々これ死の覚悟ともいうべきものの裡に、その日々の生活を送る者にして、初めて真に開かれる世界というべきであろう。しかるに今その年齢においても不惑はもとより、時としては而立にすら達しない年少者をして、只その学才の「可能」のみに依拠して、ほとんどその全生涯を保証するが如き位置につけるということは、学者養成の方途として実に重大問題というべきであろう。

ではこれを匡救するの途如何。もとより多年の慣行によって成った制度であり、更に又現実界のことは、一短を補おうとすれば、いつしか他の一長を殺して、結局、又新たなる一短を生じがちなものゆえ、もとより軽々に論議し得ることではないが、少くとも如上全一学の本義からは、将来を約して只時の経過を待つことあたかもエスカレーターにも比すべき現行の制度には、よほどの根本的更改を要すべきを思うのである。即ちたとえ将来を嘱目すべき俊秀者といえども、年少客気の間はすべからくこれを現実生活の渦中に投じて、十分なる現実の試練下に置くべきではあるまいか。勿論ここに現実生活とは、その理想よりいえば現実界裡諸々の業務であるべきであろうが、わが国現時の学者のほとんどすべてが、学校教師たる点からは、ここに現実生活というを、しばらく学校教師としての狭義現実の意味に局限するとすれば、将来如何なる大思想家となる者も、出来れば一応まず教育最下の基底としての国民教育について若干の経験を得しめることは、その意義まことに深大なものがあるであろうが、さなくとも、少くとも高校教育に対する経験から始めることは、けだし最必要時というべきであろう。かくして如何なる俊秀といえども、大学卒業と同時にわずかに卒業成績により、生涯を学者として約束される者と、その生涯を学者たろうとする希望より遮断される者とを分つようなことをせず、一切を「現実の大野」に放っておもむろに自ら崛起し来たるを待つべきであろう。げに現実こそは真理の無限なる大海であるのに、現行のように、年少すでにこの現実的真理の無限の宝庫より遊離せしめて、ほとんどただ「時」の経過のみに依拠するエスカレーターにも比すべき制度の下に置くが如きは、人生の現実を洞察して、一世を導くが如き思想家を養成する途ではないであろう。

如上の言に対しては、それが現実に関わるだけに、種々の異論が生ずるであろう。その最も根本的なものの一つは、かくては実際の教授に差支えが起きはすまいかという問題であろうが、卑見によればこの点は他の大学よりそれぞれ短期間の講師を聘してこれを補うべく、勿論それには種々な短処もあるであろうが、同時に又広く種々なる学風に接せしめる長もあるであろう。思うにわが国現時の大学は、その数を増すほど次第に割拠的孤立に進んでともすれば博大の見を欠き、自らの狭小なる殻に閉じこもろうとしつつある。そもそもわが国現時の大学において今一つの著しい現象は、初代の間はおおむね盛大であるが、二代に入るや概して衰退の兆を見るということである。思うにこれ初代の教授は、あらゆる方面から筒抜けせられた逸材であり、それらの人々の多くは、その出身校においては容れられないでいわば野の試練を経た人々である。しかるに二代ともなればほとんど学外からの人材登用の途を塞いで、いわゆる「子飼い」の者を以ってこれに充当しようとする。これ大学がその二代に到って一般に無力化する根本因由というべきであろう。ゆえにたとえ二代目に入っても、いわゆる子飼いでない教授の場合には、多くは生彩を放つが常である。かく考えれば前述の方途こそ、大学をして真に永生ならしめる根本方途というべきであろう。さればこの意味からは、かの教授の後任の如きも、引退の直前までは、天下何人もこれを窺知し得ないというが理想というべきであろう。その時たとえその選に洩れた人々も、いわゆる今日教授になり得ない助教授とは違って、それぞれ自全の境涯を打成しているゆえ、自らがその選に与らなかったとて、必ずしもこれを致命的な打撃と感ずることなく、否それを契機として、却って教授に進んだ人々以上の学的業績を生み出す場合さえ、大いに期待し得るわけである。しかるに現在のように、年少二十代にして既に一人はその生涯を学者たるべく約束され、他はその生涯を学問の道から遮断されるようでは、その可能的才能としてはよし俊秀としても、そこには死を懸けた試練打成の途なく、又これに対して現実の大野に投げ出された者も、たとえその才能においてはすぐれたものがあるとしても、そのほとんどは、自ら暴して徒らに白眼世を視るの徒となりゆくことは、けだし自然の数というべきであろう。尚如上の見に対しては、かくては大切な学問の基礎時代を高校教育の煩雑裡に身を置いて、真の大成を期し難いというでもあろうが、吾人はむしろ真の学問の基礎は、このような現実の試練下に置くことによって、構築せられるものと信ずるものである。

尚かかる方案に対して挙げられる第二の難点としては、かくては教授の膝下にあって、直接指導薫陶を受ける期間が短いというでもあろう。これは一見如何にももっともな言のようであるが、しかも卑見はまさに正逆ともいうべきである。なるほど学校卒業後若干期間を、大学院その他の形式によって直接教授の指導を受けることは、確かに有意義ではあろうが、しかし人間は而立の境を超える時期に到れば、いつまでも教授のもとにあることは、却って幾多の見えない弊害を醸すかとさえ思われる。即ちその力の乏しい者は、徒らに心甘えて師にもたれて単なる亜流の徒となり、又その力の逞しき者は、ようやく自らの足場を得ようとするに到れば、その肉体的距離の近接は、かえって師説への反抗を誘致する危険がある。しかも日々親近しつつある間柄とて、これを露わには現わし得ず、そこに却って一種名状し難い鬱憂の雰囲気を漂わしつつあるもの、これを今日の各大学に見ることはないであろうか。しかるに今学業終了後若干年にして、その研究方向に多少の見当のついた頃おいに、それぞれ地方に去って、現実界裡一個の職責につくとしたら、そこには空間的距離を距てることによって、却って深き思慕と景仰の念も湧き起ると共に、また多少は自らの足場を得たるの故をもって、師説に抗するが如き心理に駆られるようなことは絶対に起り得ないであろう。実際人は毎日その顔を見、親しくその話を聞きうる間は、その人の著述を一字もおろそかにせずに貪り読むという気には、容易になりにくいものである。かくの如きは相当の空間的距離を距てて、親しくその教を受ける機会なきに到って、初めてその全的希求の必然的発露として発するもののようである。

尚、如上の方案に対しては、学者としての真の舞台ともいうべき大学に教授たる期間の短いことを難ずる人もあるかと思うが、吾人はこの点に関しても亦その見解を異にする。今かりに学校卒業後二、三年にして高校教育の実地経験に入るとして、その後十年近い歳月の間に若干の学的業績を生み、それによって新制大学に教えるとしても、その年配は三十二、三より五、六歳までであって、その程度の学生に教える者としては、最もふさわしい年配である。学科にもよるであろうが、全一学たる哲学倫理等の教師が、而立以下の年配であることは、少くとも新制大学程度の学生を教える者としては、若きに失すると言わざるを得ない。かくして又新制大学校に教えること十年前後にしてその間業績の認められるべきものがあって他の大学に転ずるとしても、その年齢は尚四十五歳前後の頃であろう。それにしても、かの山田孝雄博士の如き、三十七、八歳までは丹波篠山の一中学教師（旧制）であったし、また津田左右吉博士の如きも、三十代の後半までは田舎廻りの一中学教師で、最初に地位を得たといっても、初めは独逸語協会中学の一教師だったが、しかもその間において両者共に一代の学問的基礎を構築していられるのである。

わが国の学者が五十代に入って、ともすればその迫力を失い易いのは、一つには余りに早くからその地位につくことにも、重大な一因が存するのではあるまいか。いわんや年少二十代にして、既にほとんどその生涯を約束されるというにおいておやである。

人は二十代はいうまでもなく、場合によっては三十代の前半でさえ、直接現実界より遊離した研究室において、学界の流行等の論議に若き日を過すよりも、現実に幾十人の青少年の指導の重責を負うて、或は風寒き夕べ長期欠席の生徒を遠き農村の病床に見舞い、或は生徒の父の死を悼んで交通線より遠く入り込んだ寒村に訪ねて星を頂いて帰るとか、ないし又一人の異常心理の生徒の前途に対して心魂を砕く等々人生の現実的経験は、後年その人が自らの体系的世界を樹立するにあたり、如何に貴重な素材となることであろう。思うに真の思想は、何よりも先ず自らの現実生活の自反に出発するの外なく、しかも現実界裡における一ケの職責は、かかる現実生活の中心を為すというべきであろう。即ち真に深く現実に徹してその思想体系を樹立するには、いわゆる学者としての責任以前に、先ず一個の人間として、国家社会の現実的構成の一員として責任の部署につくの要がある。即ち学者たる前に先ず一人の国民として自らの職務に服することが、他日の思想的地盤を形成するにおいて真に不可欠的要件というべきであろう。

以上は今日わが国の学者の大部分が、何等かの意味で学校教師であることから、主として学校教師の立場に即して考えたのであるが、しかし真の学者の養成は、必ずしもこれを学校教師と限るべきではあるまい。かくして法科経済等の領域はもとより、更には自然科学等の世界においても、現実の社会において多年実務の現実的試練の下に鍛錬されながら、しかもその逞しい生命力は単なる一個の実際人たるに了らないで、常にその余力を以って自らの職分の根柢の自証に力めて来たような人々を迎えて、大学の講壇に立たしめるが如きは、学問をその現実遊離の抽象態より救う上において、最も有力な方途というべきであろう。例えば法科の人を司法系統の畑から迎え、経済の人を大蔵省系の官吏、更には民間の会社等より筒抜けするが如きである。今日このようなことをいえば、人によっては意外の感を為すでもあろうが、しかし一世の碩学内藤湖南博士が、一新聞記者より京都大学に迎えられたような美談も、嘗てはわが国の大学の現実だったのであり、しかもこのような事例は、必ずしも一内藤博士のみに限られなかったことを想うとき、うたた感慨に堪えないものがある。かくして大学をかくの如きに還えす根本方途として考えられるのは「自学の出身者は絶対に当該大学に採用すべからず」という鉄則を設けることであろう。もしこの鉄則にして実現されるとしたら、多年の論議もついに一指をも染めえなかったわが国大学の改造の如きも、徐々にではあるがしかも深大に、いつかはその根柢より、一抹の余燼も残す処なく行われる日が来るであろう。今はこのような鉄則の実施が、如何なる波紋を描いて如何に大学の宿弊とされるものを芟除《さんじょ》して行くかを詳記する暇はないが、とにかくこの一事こそ、一見消極的に見えつつ最根本的な大学改造の「無血革命」というべきであろう。

　同時にそれと関連して考えられることは、今日ともすれば大学の所在地を離れることが、学問をする者にとって根本的な致命症であるかに考えられる傾きがあるが、これ実に現代のような思想的過渡期における一謬見に過ぎない。人は大都を去って地方の現実に身を置く時、初めてそこに、かつて大都の学窓にあっては思いも見なかった悠久なる天地人生の実相に触れるであろう。この事は丁度かの大都会の夜は、人をして容易に夜空の星辰を知らしめないが、足一歩田舎に出れば、何人も直ちに限りなき星辰の夜空に無限の想いを趣せるにも似ている。人間の思想は、もしその人にして真に大志を抱いて、学界の動向に対する展望を失わなかったならば、むしろ地方の中都会にいる方が、その思想的統一が得易いのではあるまいか。思想が生活の自覚的統一である限り、思想家は何よりも先ず思想の現実的地盤の意義について深省する処がなければならない。かくして生活環境としての地域的地盤が、その人の思想的統一に及ぼす影響の如何に甚大であるかは、わが国の多くの特色ある独自の思想家が——たとえば、西田幾多郎、西晋一郎、作田荘一等々——少くともその思想の建設の基礎時代を、多くは地方の中都会において過したことを想い見るべきである。けだし、これらの思想家の置かれた職責と地域との交互交錯が、その思想に独自の色彩を与えるに到った所以であろう。今日哲学入門といえば、それが如何な学校で為されようが、ほとんど同一様式の劃一性を脱し得ないようであるが、その程度では、天地人生の実相どころか、日々わが眼前に居並ぶ幾十百の学生自身の現実すらも見るを得ないというべきであろう。かくして如上の意を極言すれば、畢竟学者というものは、別に養成等という特殊の制度方案は不要であって、古人のいわゆる「行余力あらば以って文を学ぶ」とあるように、真の学者は、何ら特殊の温室的庇護を用いるの要なく、真に強靭なる生命力の保持者が、自ら已まんとして已む能わざる絶対必至の力を以って、現実の重圧下より崛起《くっき》し来たるを俟つべきであろう。

かくして学者の現実遊離性を匡救すべき方案は、一つにして留まらぬであろうが、今日大学の教授がともすればその現実に対する識認洞察において欠ける処の多い一大原因は、その相手とするところが、人間の一生において最も抽象的な時期に属する青年のみだということでもあろう。実際その全生涯を、人間の一生の中でもっとも抽象的な二十歳から二十三、四歳前後の者を相手に過すというようでは、その現実認識を欠くに到るもまことに怪しむに足りぬといえる。この意味からも吾人は、カントがその家庭における小集においては学者を加えず、専ら社会の各方面の人々を会したことは、人生の如実知見を得るにおいて、至当なもののあることを観ぜざるを得ない。この意味において又真の学者は、人生における如実知見を得んが為には、その年齢において常に三種の階層に属する聴衆を有つ必要があるであろう。即ち現在大学に教える者としては、二十歳より二十四、五歳までのいわゆる大学生の外、週に一回ぐらいは高校生、更に出来れば中等程度の生徒にも接してこれを教えることであり、今一つは、少くとも四十歳前後から五十代にいたる人生の波瀾を通過して来た人々に、月一回位は接する機会を持つということは、大学生を相手とする理論的自証の世界を、或は年少生徒を相手とすることによって、未来的展望において眺め、或は現実界裡辛酸を嘗めて来た老熟の人々を相手として、その如実実証を求めることによって、その知見の真の具体的自証を試みるにおいて、裨益する処まことに少からざるものがあるであろう。しかるに徒らに学の厳正の語に拘って、専門の学生以外の人々に、自らの思想を披瀝するを拒むが如き態度は、その心事においては一応諒とすべきものがないではないが、しかも結果においては、却ってその見解の狭小を招くと共に、又その思想内容の貧寒を招来する所以ともなるであろう。

五

上来この書において述べて来た処は、既に序文においても断ってあるように、普通にいわゆる方法論と名づけられるものとは、大いにその趣を異にするが、その根本は、屢説のようにわが国現時の学問の歴史的意義に対する認識に基づくのである。そしてそれは、その顕われた点よりいえば、全巻を貫く一特質として、普通にいわゆる方法論と呼ばれるものの多くが、主として客観的なるに対して、この書にあっては、体系創生の現実母胎としての主体的側面を重視した点にある。しかもこのような主体的側面への着目と重視とは、又実に如上わが国現時の学問の有する歴史的使命に開眼せしめられたことに基因する。そもそも方法といい工夫という、何れも或る一定の志向と目標との確立される処に生れ出るべきものであって、何等の志向目標もない処に、真に切実なる工夫の生れようはないのである。かくしてこの書を生み、この書を導いた一貫的理念があるとしたら、それは如上わが国現時の学問が、我が国の学問史上に有する空前にして絶後的なるその歴史的意義の認識であり、更にはひとりわが国の学問史上とのみいわず、これを大にしては、まさにその世界史的意義の認識を基とするということである。

そもそも従来わが国の学問界は、その西欧文化の輸入の過渡期性、並びにその現実的側面からは、わが国力の劣弱だったことからして、かの世界史的という言葉も、そのほとんどが、被圧迫的隷属的立場に身を置くものとして考えられがちだったのである。かくして又わが国における若干の東方文化に関する碩学は、その実質においては、文字通り世界的権威であるにも拘わらず、敢えてこの点に関してその自覚と主張とをもち得なかったのである。かくして世界的権威といえば、常に欧米人の占有物であるかに考え、かりに邦人思想家についてこの種の語の用いられることがあるとしたら、それはつねに若干の誇張を伴って西欧的思索様式の人々に対して時に用いられたに過ぎない。勿論このような現象は、一面からは如上東方文化の碩学はもとより、更には日本画、邦楽、歌舞伎等に関しては、彼等西欧人の理解が未だ頗る低調であることにもその一因は存するであろうが、しかも彼における音楽絵画等の第一人者級の人々が、西欧文化の代表者として世界的権威といわれるとしたら、われにおけるそれらの人々も、それがわれわれ東方の文化芸術等を代表する意味において、まさに世界的権威というに何の差支えもないであろう。しかるにこの点に関して未だ十分なる自覚を有しないことは、われらの民族特にその資質の俊秀にして外来文化の摂取の任にある人々が、彼れの有するその異質面の新奇性に眩惑せられて、ともすれば新奇性と卓越性とを混淆する処より来るかと思われる。

　如上西欧人種が、自己における俊秀者を以って、直ちに世界的権威としてわれに臨むに反して、われわれの有する東方文化の最高権威者は、それがそのまま東方文化の側より見て世界的権威であるにも拘らず、容易にこの点の自覚に達しなかったことは、われらの民族は、よく彼此の文化の特質をあわせ知るを以って、彼れの卓越性を虚心に認識し得るに対して、彼れはほとんどわれに対する理解を全欠するに基づくともいい得るであろう。更に又これを支持する現実的側面からは、わが国力の世界的位置に基づく点のあることも、またこれを認めざるを得ないであろう。けだし思想に先行するものとして、先ずその現実的母胎としての事実の存するは、現実に必然なる一様相というべきだからである。しかも我れは彼れを知るも、彼れは我れを知らない処から来るわれの無自覚的隷属性は、思えばまことに遺憾なことといわねばならぬ。勿論これは、いわゆる「知者の弱さ」として、真の自立に達する道程において、一度は堕ち行く泥沼ともいえるであろうが、しかもいつまでもかかる泥沼に留まるべきでないことというまでもない。しかもこのような泥沼からの離脱と脱出とは、勿論本質的には、知そのものの問題というべきであろうが、同時に又その現実的側面からは、いわばその跳躍の足場ともいうべき現実の基底を要するのである。即ちこれを現実には、国力そのものの問題である。

そもそもこの地上において、世界の文化の自覚的摂取をその任とする民族としては、結局われらの民族がその第一位にいるといえるであろう。実際、世界何れの処にか儒仏欧という世界の三大文化体系を現実に摂取しつつある国民があるであろうか。西欧におけるいわゆる東洋学なるものは、一部特殊の東洋学者と称せられるものの専攻する処であり、近時大学の講座等において、多少はその増加を見るようであるが、畢竟未だ名義的附加物の域を出ず、これを現在わが国で、その俊秀を挙げて西欧文化の摂取に没頭しつつある状に比する時、真に霄壌《しょうじょう》の差《さ》というも尚足らざるを覚えるのである。そもそもわが国における西欧文化の理解は、単に一部専攻者の有ではなくて、実に全有識階級の有であり、否、更には全民族の有というべきである。勿論これを本質的には、わが国現時の西欧文化の摂取は、尚未だその皮相に留まるがゆえに、大いに将来に期すべきものがありはするが、同時に又自らの無自覚的な西欧文化の摂取に対しては深省を要するものがあるであろう。

しかしとにかくにわれらの民族が、これまで、或る意味では自己を忘れるほどの危険を冒してまで、西欧文化の摂取に没頭して来たことは、飜身一転、一たび自らの使命に目覚めるに到れば、これ実に最勝の強みというべきでもあろう。けだし知は通であって、通はそれが平面的一面に止まる限り、流となって却って自己を失う危険にも陥るが、一たび知が自らの本源に還って自覚の円環を描くに到れば、そのとき知は真の無限周流を始めて一切を自己に統摂せんとする絶大な力となる。即ち半面知はそれが平面知として流れては自己を失うにも到るが、自らの本源に還えれる自覚知としての全知は、通の自己帰還としてまさに統摂の全現である。今地上における三大文化体系としての儒仏欧の三大文化のすべてに通ずるもの、厳密には地上只われわれ日本民族の外ないであろう。しかもわれらの民族にあっては、これ等地上の三大文化体系は、既述のように、単に一部の学者の有ではなくて実に全民族の有である。げに地上何れの民族か、この世界の三大文化体系を自らの有としているものがあるであろう。これに反してかの西欧諸国民が東方文化をその有とし得る日は、ほとんど想望することさえ出来ないほどである。けだしかの音標文字を使用しつつある人種が、象形文字としての漢字を習得する一事さえ、全般的にはほとんど半永久的に不可能というべきだからであろう。

如上吾人は、地上に現存する文化体系の代表的なるものとして、儒仏欧の三者を挙げたが、しかも注意すべきは、これらの三者は、今日まで、その何れもが互に孤立的に発展して来たのであって、他を摂取しつつ自らを育成する真の溶融的な自覚的文化とはいい難いのである。かくしてわれわれの気付かしめられることは、このような地上の三大文化を摂取溶融して、いわばその縮図をつくる処に、ある意味ではわれらの民族の世界史的な使命があるともいえるであろう。かくして又世界の文化を儒仏欧の三大文化とすることは、厳密には既に過ぎ去れる歴史的立場よりいうことであって、まさに来らんとしつつある世界文化についていうことではないともいえるであろう。かくして、如上わが国の当来の文化は、真の世界史的文化の一縮図たり得るという意味において、至大の意義があるというべきであろう。が、同時にその一領域としての全一学たる哲学は、そもそも如何なる位置と任務とを有するべきあろうか。全一学としての哲学は、その全一性のゆえに、何よりも先ずこの現実の世界史的進行に対して、真の大観洞察の明を要すべく、かくしてこれを背景として一切文化にそのあるべき位相を示すと共に、更に又その統摂の帰趨をも指示するものでなければなるまい。勿論哲学者の如是の知見はその素材としては文化の諸領域におけるそれぞれの所産に拠らなければならぬことというまでもないが、同時に又哲学はそれら諸々の領域的文化に対して、真の統摂的帰趨を示すことによって、それぞれその貢献すべき分を返照すべきであろう。しからば如上一切文化の統摂的帰趨とは何をいうのであろうか。これ既にも述べたように、われらの民族が如是の根本信念を基としつつ、民族の生活の種々相をその全一的統一に齎らし、以って自らに課せられたその世界文化への任を達成すること是れである。かくしてわが国当来の全一学たる哲学は、まさにこのような民族の行く手を照らすべき光となり力となるものでなくてはならない。それは又わが国の真の学問は、まさに今日その自覚的な第一歩が踏み出されつつあるともいえるであろう。

あとがき

このたび「幻」の三部作と称せられる処の、㈠『恩の形而上学』㈡『哲学叙説』そして其の㈢『学問方法論』の再版発行にあたり、その各巻の「あとがき」の執筆依頼を受け、気軽におひき受けいたしましたが、もとより無学劣才の徒のよく為し得る処でないのを改めて痛感して止まない次第であります。

それにしても各巻共に、周到にして適切な観・論・察の隈なく行き届いた論考に、改めて驚畏を感じますと共に、今さら乍《なが》ら、この上何をか言わんやと、恐縮いたします次第です。とは言え、おひき受けいたしました以上何らかの責任のいったんを果したいと思います。

ところで、何ゆえに、哲学の用語を避けて「全一学」を創唱せざるに至られたか、について重複をかえりみず改めて復習したいと思います。

それに先立ち、㈠ここで言う「学問とは何か」についで㈡「日本的哲学」とは何か、について、先生の論考に従い、その㈢として「全一学」なる特質の一端に触れ得たら幸いと思います。

もとより、その任にあらざるを承知しつつその第一に挙げたいのは、全一学の体系性でありま す。そもそも学問の任たるや、その体系性にありと言っても過言ではなかろうと思います。第二に挙げたいのは、その実学性であります。そもそも学問するとは、いたずらに奇を衒うものであってはならず、何らかの意味で、世に益するものであることは申すまでもないことです。次に第三として民族性にして、要するに、「民族の将来を照らすものでなくてはならぬ」これこそ学問論の根幹とも言うべきものであります。また森先生の「真理は現実の唯中にあり」の一語こそ、先生独自の「即物論的世界観」の代表的タイトルであります。

随って、宗教・道徳・社会の民族的前途に寄与するものでなくてはならぬわけであります。かかる点からしてもこのたびの「全一学」三部作の出版は、画期的と言わざるを得なく、新時代の曙光として注目すべきと言わざるを得ないわけであります。

ところで改めて、森信三先生の著述に於て第一の特色と言うべきものは、他書からの引用が全く絶無と言っていいことでしょう。

それよりむしろ、こうした思想を生み出すに到った自己内観の思索の足跡を、その都度正直に披瀝しておられることです。

これが『学問方法論』という舞台裏の表明ともいうべき名著を生んだ所以です。「いかに乏しくとも、自己の辿った思索のあゆみを披瀝するでなければ、無意味だと考えたが故である」(「自傳」より)と自ら仰せの通りです。

ここに、先生ほど自己の歩みの如実相を正直に披瀝し、後に続く方への参考に供せられたことは、寡聞にして他にその例を見ないとも言えましょう。

と共にいま一つは、時代の先見性に富んでおられ、東西文明の統一融合のモデルケースとし

て、日本文化に課せられた使命の実現に寄与する所をすでに予見せられた上でのご発言でありま
す。

なお今年は、森信三先生の生誕百二十年という記念すべき年にあたりなお意義深いものを感ぜざるを得ません。と同時にこの日本的哲学すなわち「全一学」三部作のほぼ同時発刊の意義は、森信三先生の「全一学」なるものの発想の淵源を知る上で欠かせぬ三部作であることを重ねて明記したいと思います。

平成二十七年十一月吉日

寺田一清

〈著者略歴〉

森　信三

明治29年9月23日、愛知県知多郡武豊町に端山家の三男として生誕。両親不縁にして、3歳の時、半田市岩滑町の森家に養子として入籍。半田小学校高等科を経て名古屋第一師範に入学。その後、小学校教師を経て、広島高等師範に入学。在学中、生涯の師・西晋一郎氏に出会う。後に京都大学哲学科に進学し、西田幾多郎先生の教えに学ぶ。

大学院を経て、天王寺師範の専任教諭になり、師範本科生の修身科を担当。後に旧満州の建国大学教授として赴任。50歳で敗戦。九死に一生を得て翌年帰国。幾多の辛酸を経て、58歳で神戸大学教育学部教授に就任し、65歳まで務めた。70歳にしてかねて念願の『全集』25巻の出版刊行に着手。同時に神戸海星女子学院大学教授に迎えられる。

77歳長男の急逝を機に、独居自炊の生活に入る。80歳にして『全一学』五部作の執筆に没頭。86歳の時脳血栓のため入院し、以後療養を続ける。89歳にして『続全集』8巻の完結。平成4年11月21日、97歳で逝去。「国民教育の師父」と謳われ、現在も多くの人々に感化を与え続けている。（年齢は数え年）著書に『修身教授録』（致知出版社刊）等。

学問方法論

平成二十七年十一月十五日第一刷発行

著者　森　信三
発行者　藤尾　秀昭
発行所　致知出版社
〒150-0001 東京都渋谷区神宮前四の二十四の九
TEL（〇三）三七九六—二一一一
印刷・製本　中央精版印刷
落丁・乱丁はお取替え致します。　（検印廃止）

ISBN978-4-8009-1086-8 C0095

ホームページ　http://www.chichi.co.jp
Eメール　books@chichi.co.jp

いつの時代にも、仕事にも人生にも真剣に取り組んでいる人はいる。
そういう人たちの心の糧になる雑誌を創ろう——

『致知』の創刊理念です。

私たちも推薦します

稲盛和夫氏　京セラ名誉会長
我が国に有力な経営誌は数々ありますが、その中でも人の心に焦点をあてた編集方針を貫いておられる『致知』は際だっています。

鍵山秀三郎氏　イエローハット創業者
ひたすら美点凝視と真人発掘という高い志を貫いてきた『致知』に、心から声援を送ります。

中條高徳氏　アサヒビール名誉顧問
『致知』の読者は一種のプライドを持っている。これは創刊以来、創る人も読む人も汗を流して営々と築いてきたものである。

渡部昇一氏　上智大学名誉教授
修養によって自分を磨き、自分を高めることが尊いことだ、また大切なことなのだ、という立場を守り、その考え方を広めようとする『致知』に心からなる敬意を捧げます。

武田双雲氏　書道家
『致知』の好きなところは、まず、オンリーワンなところです。編集方針が一貫していて、本当に日本をよくしようと思っている本気度が伝わってくる。“人間”を感じる雑誌。

致知出版社の人間力メルマガ（無料）　人間力メルマガ　で　検索
あなたをやる気にする言葉や、感動のエピソードが毎日届きます。